S S O C I A T E D

Jerry Schwartz

R E S S

美联社新闻报道手册

[美] 杰里·施瓦茨　著　　　曹俊 王蕊 译

E P O R T I N G

中央编译出版社
CCTP　Central Compilation & Translation Press

A N D B O O K

当我死后站在天堂之门时，我遇到的第一个人将
是美联社记者。

——莫罕达斯·甘地

致 谢

　　编写这本书的乐趣在于和许多富有天才的人合作。他们愿意与我分享他们的故事和经验。他们的名字经常出现在冰冷的电讯稿上。事实上，他们是一个特别的群体，应该被大家所了解。

　　令我感到非常沮丧的是这本书不可能包括美联社所有优秀记者的作品。

　　我还要感谢尼耶·奥维瑞、丹尼、乔舒亚和本杰明。

目录

1 如何报道飞机失事   9

走进环形防线内，接触真正想采访的人。你并不想采访官方人员或说不清来头的人。根本一点就是去接近现场，而不是坐在那儿讨论会发生什么情况。

2 什么是新闻？   29

新闻依旧是公平和客观的，虽然今天的记者必须在如实报道事件与发表个人见解之间趟出一条自己的路，美联社就是为美国新闻业带来客观的一股强大的力量。

3 新闻报道的灵感   39

每当泰德·安东尼有了一个新闻报道的设想，他就小声把它录进数码录音机里。对这种做法他感到有点不好意思，不是非常，只是有点，因为他不是一个轻易就感觉不好意思的人。

我为新闻狂

乔治·艾斯珀就站在那里。

他想得到这个故事。他想得到每一个故事，但此时此刻他只想得到这一个。他曾到过越南，报道过越南战事。如今，二十几年后，他是在自己的国土上报道这场战争：肯特郡的四名学生被国家卫队杀害已经是二十年前的事情，而艾斯珀的报道此时又重新回到了这场战争上。

因一份兼职工作的需要，他计划采访四名被害学生的母亲——事件发生多年后她们有怎样的想法。他与三位母亲取得了联系，却没能得到最后一位的电话号码，只有她所住街区的地址。于是他钻进自己的车，在暴雪中行进了一个小时。

傍晚7点整，他敲响了主人的房门。出来开门的是弗劳伦斯·施罗德。

1

"我是美联社记者乔治·艾斯珀，"他自我介绍说。

"她只是挥手示意我离开，并说：'我们不接受任何采访。'"艾斯珀回忆道。"我没有逼她，也并没有转身离开。我只是站在那里，浑身已经湿透，冰冷的雪水不停地滴下来。我想她是有几分同情我了。"

"进来吧，"她说。一阵闲聊过后，她谈了两个小时关于二十年前死去的儿子。"采访快结束时，她告诉我她从没有想到自己又会将这件事谈得这么深入，"艾斯珀说，"但是她这样做了。"

她为什么会这样做？艾斯珀有自己的解释。或许那只是出于可怜——一个浑身湿透的记者出现在她的门前，她不忍心将他置于门外。或许是艾斯珀流露出的同情心起了作用：尽管一生都在报道悲剧的发生，可他并没有由此变得冷酷无情。再或许她正准备说些什么，而艾斯珀恰巧是那位找上门来的倾听者。

但事实是，她的确接受了采访，而且这次采访成功并非侥幸所得。四十多年来，艾斯珀总是会得到他想要报道的内容——有时需要要些小手腕儿，有时需要全身心的投入；无论何时，不懈的努力与不屈的意志都是必不可缺的。

这本书就是讲像乔治·艾斯珀一样的一群人，讲他们如何对待他们所从事的这份工作。这是一本关于新闻报道的书——不是关于创作，尽管书中有许多关于创作的优秀实例。正如美联社创作高手勒内·J.卡彭所说："新闻报道是好作品的精粹。"没有新闻报道的原始素材，一篇故事只能是漂亮文字的堆砌，不能表达任何东西。

美联社自从1848年创立的那一刻起，它的使命始终是进行新闻追踪报道。记者们报道了1848年的美国总统竞选，宣布了詹姆斯·诺克斯·波尔克当选本届总统。美联社记者马克·凯洛克曾与乔治·阿姆斯特朗·卡斯特在小比格霍恩河战役中并肩作战，最终战死杀场。1906年旧金山大地震后24小时内，美联社的地方分社就传送出了两万多字有关此次灾难的报道。

印度现代民族解放运动的著名领袖甘地的故事一直广为流传：1932年他被英国人逮捕，囚禁几个月后，最终在极其隐秘的情况下被释放。一天午夜后，他被带到一个偏僻的火车站，自己将随身的行李拖到站台上。就在那儿，在一片黑暗中，他认出了美联社记者吉姆·米尔斯，是他报道了甘地为印度赢得独立所付出的一切努力。因此，在那个时候，只有米尔斯一人获知甘地被释放的消息。"我猜想，当我死后站在天堂之门时，我遇到的第一个人将是美联社记者，"甘地曾这样说。

在美联社的文化中，消息汇集是如此根深蒂固，以至于对某些人来说新闻报道就好比是呼吸——必不可少，但绝非是那般复杂或有趣。"嗯，新闻报道的套路就是，"特派记者莫特·罗森布莱姆若有所思地说，"A．登上一架飞机；B．告诉工作台你所看到的一切；C．当你看到结果时来个双份的签单威士忌。"

不过，这个抓取新闻的行当的确有趣，而且通过了解众多记者如何从事这一职业，你可以从中获益。这并非简单得如同列出一个表，说明哪些可以做哪些不可以做——如此这般你就会成为一名优秀的记者。虽然做新闻报道也有一定之规，辟如你不能以犯罪为代价去获取一条消息，但特约记者海伦·奥尼尔还是很恰当地说明了一点，即"没有固定的模式"。根据各自的所长与不足，新闻记者们形成了不同的行为方式。

在电影作品中，记者的形象总是温文尔雅且具有讥讽性的，几乎不用费什么力就能得到头条新闻。然而在现实生活中，新闻报道充满了艰辛，整个过程杂乱无章或令人乏味。米歇尔·朗博格曾长期担任美联社记者，后来去了《洛杉矶时报》。他曾说他的采访技巧之一就是说话尽可能地结结巴巴，以至于被采访者对他起了同情心，向他说出他想要知道的一切。这话听起来有些夸张。还有一些成功的记者，艰难的采访闯过来了，却不知如何对付电脑数据库，或者会被一些复杂的调查搞得不知所措。然而他们本身具备的良好素质——采访的技巧、消息来源的开掘、组织的技能等等，使他们一往直前，他们将这些优势充分发挥，做法很值得效仿。

不是每个人都能像海伦·奥尼尔那样采访到与众不同的却令人感到亲切的人物，但或许可以从她的故事中学会该如何接近采访对象。不是每个人都能像马克·哈伯特，每天发表政治新闻，但他处理消息来源的方式是具有指导性的。不是每个人都能成为泰德·安东尼，将生活全盘吸收，再从中不断地支取灵感，好像那是一座硕大的故事加工厂。但是假如我们能够通过他的双眼看一下这个世界，就会有无数个可能的故事展现在我们面前。

问一下乔治·艾斯珀有关他的优势，他会告诉你最重要的一点就是对一切充满好奇。"即使家里人也总对我说，'嗨，你问这么多问题'。即便不是做新闻报道，我也对很多事情感兴趣。我也许会碰到一对夫妻或一对情侣，我会问他们：'你们是怎么相识的？'我会深入到他们的故事中去，比如他们在哪里上学，主修什么专业等等。"

要成为一名出色的记者，"你一定要喜欢这份工作，要觉得有趣，"艾斯珀说。什么乐趣？"挖掘人物。"他总有下一个问题在等着问。有太多的记者是"问一个问题，得到一个答案，随后就没了下文，不能探究得更深入一点儿"。

艾斯珀的另一个优势就在于坚持不懈。一个年轻人在缅因州自杀，艾斯珀连续七天给这个年轻人的父亲打电话，要追踪采访。"我不想令人反感也不想偷偷跟踪别人，但知道坚持不懈就会有所收获。"

当他与男孩的父亲交谈时，他是充满激情的。而在采访战争时，他就变得顽强了。

我为新闻狂

"并不是我不喜欢军队，只是我认为这是公平的游戏，公众有权知道正在发生的一切（无论是在越南战争中还是在海湾战争中）。因为纳税人掏了钱，百姓付出了生命，"艾斯珀说，"如果我得不到答案，我就会不停地追问：'你什么时候会知道？为什么你不知道？'有时我甚至会用威胁的手段，当然不是指身体方面或任何其他类似的方式。比如我会说，看，如果你们不给我这条消息，我就打电话找你们的老板或打电话到五角大楼或发一篇报道，说你们试图掩盖这件事。实际上这种情况在越南战争时发生过多次，我只是不断地追问他们：'为什么你们不知道？你们应该知道的，我知道你们知道。'"

　　其他记者认为别人不会对他们说什么，或认为无法从军队中获得任何消息。"他们放弃得太早了。我的想法是，绝不要放弃，"艾斯珀说。

　　艾斯珀所做的一些大的有关越南战事的报道远比实际看上去容易得多。其中一个就是有关一名导弹飞行员拒绝飞行的故事。

　　"我看到从战略空军司令部总部所在地奥马哈发来一条消息，说米歇尔·海克上尉因拒绝飞行B—52轰炸机而受到军事处罚。这就是全部内容。我眼睛盯着这条消息不禁脱口而出：'哎呀，如果我们能采访一下这家伙，该会有多轰动！'"

　　他知道他不可能去空军基地直接采访海克，但可以使用军队的电话线，而且可以根据自己对军队的了解查到海克在哪里。共有三个B—52基地，他把电话打到最近的一个，在泰国。

"事情就这么简单，我拨通了基地的线路，问：'我能和米歇尔·海克上尉说话吗？'不到半分钟，我们就通了话。"

海克当时在泰国尤泰堡的一家军官俱乐部酒吧，于是便有了这次惊人的采访。"他说：'我只是厌倦了残杀妇女儿童。'这就是他拒绝飞行的原因。这个小伙子并不是个怪人。他已经执行过上百次的飞行任务，多次受勋，是个英雄。他突然决定停止飞行。社里的其他家伙们真的对我发怒了。他们说：'你应该告诉我们这位海克上尉在什么地方……'他们猜测我要么是飞到泰国的空军基地采访了他，要么是把他隐藏在西贡的什么地方。他们从没有猜想到我所想到的一切是显而易见的，我只是给他打了个电话。"

当然，那时候海克还没有以任何方式接受过任何其他记者的采访。艾斯珀建议他最好是保持沉默。"不幸的是，有些人你是不能相信的，"他告诫年轻的军官说。

是的，值得一提的是，除了对周围一切的好奇和不屈的意志外，乔治·艾斯珀还拥有一种良好的、极为敏锐的竞争欲望。

① 如何报道飞机失事

ANATOMY OF A STORY:

COVERING A PLANE CRASH

走进环形防线内，接触真正想采访的人。你并不想采访官方人员或说不清来头的人。根本一点就是去接近现场，而不是坐在那儿讨论会发生什么情况。

电视台的记者因为感觉太难受，不敢走到船尾看一看打捞上来的东西。威尔森却一直待在那里。在做记者前，他曾在洛杉矶干过四年的验尸官助理。

一年之后，当威尔森报道为这88位死难者所举行的纪念活动时，他感到了内心深处的震撼。人们竖起了一堵40英尺的高墙，墙面上贴满了88位遇难者微笑的照片。

美联社洛杉矶分社内的电视机全部打开着，以备某家电视台正在播发的消息美联社没有得到，也为防备南加利福尼亚上空盘旋的直升飞机会碰到什么情况。"'爆炸性新闻'的显示时常会出现，但通常只是一起车祸，"约翰·安在克说。这位老牌编辑兼记者是这个分社的负责人。此刻正是2000年1月最后一天的傍晚。

突然，电视台频道正在播报的内容吸引了安在克的目光，他将声音调大。联邦航空总局报道了一起飞机失事事故，他认真地听着。"消息完整，事故的原因清楚，没有任何像'我们认为'、'我们正在核实'等模棱两可的词，"他说。传发新闻简报系列是足够了。

此时正是下午4时53分。

洛杉矶（美联社） 一架阿拉斯加航空公司波音737客机从

墨西哥的巴亚尔塔港起飞，于星期一在洛杉矶西北部坠毁，
电视台报道。

（未完待续）

据电视台报道，飞机坠毁在洛杉矶国际机场西北部27英
里处。

电视台位于木谷角的一架直升机报道说，水面上发现了
一个大的平滑器。

安在克环顾了一下四周。对于飞机失事的报道来说，如果一
天中有一个最佳时间的话——实际上是不存在的——那么此刻便
是。他手下有足够的人员：大部分上白班的人还没有离开，夜班
人员刚刚到位。"你要手里写着东西，用专线发稿，同时向周围
人大声发命令，"他说，"大声喊叫听起来有些落伍了，但一声
大喊可以让大屋子里的每一个人丢下手中正在做的事，马上集中
到这件大事上来。"

首先要做的便是：联络联邦航空总局，对电视报道进行确
认。他安排路易·罗塔和约翰·罗格斯负责打电话联络。因联邦
航空总局太平洋地区分部已从洛杉矶搬到西雅图。他凭自己的经
验判断，要联络成功并非易事。

同时他命令肯·彼斯特和辛迪马上驱车赶往出事地点。皮

特思是分社的体育编辑。"我刚一喊出有架飞机出事了，他就已经离开座位准备出发了，"安在克说，"这正是我想看到的反应。"但问题是，安在克并不清楚他们应该到什么地方去；第一份报道没有给出事故发生的确切位置，而事实是，第一批报道所说地点与实际位置相差十多英里。

在美联社洛杉矶分社内部，安在克算得上是一名报道飞机事故的老手了。1986年，墨西哥航空公司一架客机在塞里托斯坠毁：这架DC-9型客机与一架小型私人飞机相撞后坠落在附近的居民区，造成地面15人死亡，机上人员共死亡64人。当时分社工作人员正在离出事地点不远处郊游，消息一到便当即赶往现场。

"若在紧急救助的措施完全安排妥当前赶到那里，现场正在救火，类似路障一类的东西还没有搭起来，"安在克说，"由此我总结出，必须迅速赶到现场，走进环形防线内，接触真正想采访的人。你并不想采访各类官方人员或说不清来头的人。根本一点就是去接近现场，而不能只是坐在那儿讨论会发生什么情况。坐在去现场的车上就可对事情做出判断，并打电话把各项分工安排下去。"

接下来便是1987年一架从洛杉矶飞往旧金山的太平洋西南航空公司的飞机失事：一名满腹怨气的航空公司职员枪杀机上人员，导致飞机从23,000英尺的高空俯冲下来。"通过电话联系，我们很快从联邦航空总局那里得到了有关飞机座舱内开枪射杀的消息，"安在克回忆道。

"通常来说，一提到这类重大事故，自然就会想到要花时间寻找飞机残骸，以便查明事故发生的原因。但是这次飞机失事使我认识到，在极短的时间内接近事故的真相是非常可能的，而且空中飞行的飞机与地面保持着多项的联系，作为一名乘客你可能感觉不到。"

凭着以往的经验，安在克开始安排编辑人员进行电话联络。记者米歇尔·德蒙、分社总编苏·克罗思和总编助理乔治·戈瑞思给急救机构打电话；罗格斯向联邦航空总局确认了情况的属实性后，第一条报道5点过2分发出了。联邦航空总局与媒体之间开通了一条热线，这样，罗塔就要整个夜晚守在办公桌旁，通过耳机接听消息。

安在克派两人到洛杉矶国际机场采访任何一个刚到或要离开的乘客。直到5点10分，当第二条报道已经发送出的时候，才得知事故飞机根本不是飞往洛杉矶的——它当时正在去旧金山的途中，然后转道西雅图。同一时刻，洛杉矶机场发言人提供了一条线索：事故前很短时间飞机曾报告说出现机械故障，并要求降落在洛杉矶机场。

此刻，美联社洛杉矶和西雅图分社都将记者们派往机场，遇难乘客的家属无疑会集中在那里。同时，编辑人员就事故的技术性问题展开工作：失事飞机是一种什么机型？安全飞行记录怎样? 有可能是哪个部位出了问题?

"你需要同时干好几件事," 安在克说。他当时是一边写报道, 一边向外传发, 同时还要分派任务。"思想总是集中于这些事情: 此刻谁在接听电话? 一个问题出现了, 我能派谁去接电话?"

起初一致认为飞机是坠毁在圣莫尼卡湾, 但很快就查明是在更北一些的地方, 出了文鲁拉县。安在克打电话给辛迪, 让她和科普作者马特一齐转道去机场。他告诉肯·彼得斯开车去海岸警卫队。"在那个地方你预料不到会有什么发现。海岸线实际是指在水上。"

记者杰夫·威尔森恰巧就住在奥克斯纳德, 执行编辑史蒂夫给他家打了电话。威尔森的名字从此就和报道连在了一起。

下面这则导语发布于下午5点44分。

奥克斯纳德, 加利福尼亚 (美联社) 阿拉斯加航空公司的一架波音737客机星期一坠毁在洛杉矶西北部的太平洋海域, 机上70名人员全部遇难。飞机失事前曾报出现机械故障。

(未完待续)

夜幕降临前, 一架海岸警卫队直升机、一架海军P-3飞机及数条小船对大面积的碎片散落区域进行了搜查, 尚未发现幸存者。

据联邦航空总局地区发言人米奇·巴克在西雅图所说，261航班是墨西哥的巴亚尔塔港飞往旧金山和西雅图的，于下午3点45分坠毁在洛杉矶国际机场西北20英里处。

"目前他们正在寻找幸存者，"海岸警卫队的陆军少尉珍妮·赖内克说。"他们发现了大面积碎片散落区域，但是还没有什么新的进展。"

联邦航空总局执行官员森西亚·艾摩瑞称，机上共有乘客65名，机组人员5名。

（未完待续）

据机场发言人罗恩·威尔逊先生介绍说，飞机应降落在旧金山国际机场。机组人员曾通报说飞机出现故障，要求改在洛杉矶机场降落。

"雷达显示飞机从17,000英尺的高处下落，随后就从雷达上消失了，"威尔逊先生接受旧金山的电视台采访时说。

验尸官们下午5点30分左右到达了奥克斯纳德海岸警卫队驻地。

巴亚尔塔港是位于墨西哥太平洋海岸的旅游胜地。

阿拉斯加航空公司的西海岸沿线的飞行一般是去往墨西哥和加拿大各地，这条航线很受欢迎。

该公司共有飞机80多架，包括波音737及麦道80s等型号。

　　1998年底，该公司机群的平均服役年限是7.6年，在国内是时间最短的。

　　1998年，该航空公司共载客1,310万人次。

　　威尔森的一天是从早上5点半到达办公室开始的，此时刚刚到家。他犯了严重的周期性偏头痛；电话响起时，正歪倒在沙发椅上。伴着头痛，他跳进汽车，全速驶向海岸警卫队所在地。他完全清楚，假如事发现场在海上，那他就什么也看不到。

　　海岸警卫队发言人并没有因一名长滩海军上将的到来而将媒体的采访草草收场。所有港口巡逻的船只都已出发去了事发现场。"在这个行当干久了，经验告诉我必须亲自到现场去，"威尔森说。算上来美联社前为合众国际社工作的时间，他当记者一共已有26个年头了。

　　威尔森去了思科码头，一个供垂钓和观赏鲸鱼的中心。他要租一条船。而仅剩的一条"巡逻85"已经被美国国家广播公司的《日界线》节目的工作人员花1,500美元租下了。

　　威尔森找到了《日界线》节目的制作人。你看，他说，你正在为你的节目寻找素材；对于我来说，这是一条爆炸性新闻。我现在必须抢到它。

　　协议达成了，美联社出700美元和美国国家广播公司共用这条船。威尔森和美联社一名摄影记者登上船便出发了。全程需要45分钟的时间；在这10英里的行程中，船是在"高达15到20英尺的海浪中穿行，海面上冷极了，"威尔森回忆说。此时太阳已经落山。

美联社洛杉矶分社的办公室里，地方电视台播放着直升机拍摄到的事故现场的画面。约翰·罗格斯看过后，交给安在克几段文字说明。

"你能立刻感受到这件事对人的影响是灾难性的，"他回忆说，"漂在水上的东西都无法辨认，完全是支离破碎的，除此之外再无法描述。没有任何一样东西你可以认清是身体的某一部分，那情景就像海洋上刚经历一场暴风雨，所有残骸都被冲到了海峡里。"

肯·彼得斯到达了位于海峡群岛港口的海岸警卫队基地，他要从那里的官员手中获得信息。美联社华盛顿分社的工作人员也投入了工作，负责从联邦航空总局和国家运输安全委员会处汇集资料。

夜间，航空公司经过进一步的核实，机上遇难者的人数有了变化，最终确定为88人。每个工作人员都在匆忙地整理有关飞机及航空公司的背景资料。

此刻整个紧张局势出现了短暂的间歇，也给了安在克退一步审视现状的机会。"你不得不来回走动着，针对每一位记者所掌握的不同情况分别与他们商谈，因为他们可能并不清楚手里的东西用处有多大。"

有一段时间，安在克负责撰写所有的报道。可是到后来，记者们轮番更新报道的内容，安在克便转为做文字加工，并将内容发送出去。

有关失事飞机机型的问题尚不明确。起初联邦航空总局说是波音737。对这一说法安在克表示怀疑——他过去曾就航空与宇宙航行的题材做过报道。几年前当波音购买麦道飞机的时候，他就意识到，不知什么时候737就会与麦道公司生产的MD-80系列混在一起，因为它们看上去太相似了。事实果然如此：安在克联系到了波音公司的一名发言人，对方肯定地说失事飞机是MD-83型，这位发言人还提供了此架飞机的一些历史资料，包括高空中飞行的时间（25,584小时）、起飞和降落的次数（14,345次）等。

7时16分，安在克发出了第九条导语。一位驻洛杉矶的阿拉斯加航空公司客户服务代表向他透露，失事飞机出事前曾通报说水平稳定器出了问题，这是保持飞机平衡的装置。随后几个月的调查发现，是螺旋起重器的连线被剥去了，这是安装在尾部的稳定器的一部分。第一次涉及事故原因的报道在飞机坠毁后不到三个小时就传送了出去。

★　　★　　★

事故现场在船灯的照射下恍如白昼，这些船本来是用作捕捞鱿鱼的。当威尔森乘坐的"巡逻85"到达的时候，海岸警卫队也跟了上来。我们需要你们的帮助，他们说，需要这里的所有船只帮助打捞一切与飞机和人有关的东西。

威尔森的头痛并没有减轻。天气很冷，空气中弥漫着飞机燃料的难闻味道，刺痛了他的双眼。船员们撒下网，从水中捞出失事飞机的一些碎物，有坐椅靠垫，金属碎片。还有一些旅游用品：宽边帽，响葫芦，以及在墨西哥可以买到的廉价的纪念品。

还有更为可怕的。

"突然地你会发现一只鞋或一件行李。我们真的捞上来一只鞋，还有一只脚在里面……躯干是我们打捞上来的最大的人体部位。"

电视台的记者因为感觉太难受，不敢走到船尾看一看打捞上来的东西。威尔森却一直待在那里。他所受的特殊训练帮了忙：在做记者前，他曾在洛杉矶干过四年的验尸官助理，一夜之间处理过13具尸体，都是车祸和火灾的受害者。"当然，这不是件令人愉快的差事，但已经习惯了。"

威尔森这样解释他那天在船上的感受："那一刻你完全被吸引住了。你劝告自己要离远一点，拍个远景，可你就是情不自禁地往前挪，寻找你想要的东西。"

船只从港口返回，在离岸还有8英里的时候，威尔森开始与分社电话联络。他口述了所看到的一切，有些内容如果是作为消息传发的话就太过形象了。"如果你想说尸体已经膨胀或类似的情况，就只能仅此而已，太过细致的描述会使读者感到内心不安，"安在克这样陈述自己的观点。

为早报所做的第15条也就是最后一条导语在凌晨3点17分发出：

载有88人的客机在洛杉矶西北部海域坠毁
美联社记者杰夫·威尔森

奥克斯纳德，加利福尼亚（美联社） 阿拉斯加航空公司一架由墨西哥飞往旧金山的MD-83型客机于星期一在洛杉矶西北部的太平洋海域坠毁，机上共有人员88名。飞机失事前曾报控制系统失灵。事后很快便发现遇难者的尸体。

日落前，飞机及小型船只已汇集到位于木谷角的残骸散落区域。数小时后，在鱿鱼捕捞船强烈的灯光照射下，数条小汽艇及一艘海军的船只继续进行着搜寻工作。

据海岸警卫队的查克中校说，已发现数具遇难者的尸体。

一条渔船上的舱面水手从水中打捞上了人体部位、墨西哥玩具、一只鞋、靠垫及飞机绝缘材料等物品。"干这种事心里很不好受，但总得有人去做，"31岁的舱面水手大卫对记者说。

天黑后，一艘装载残骸的多用途船到达胡安梅港口。

据航空公司发言人杰克·伊万斯说，这架由墨西哥的巴亚尔塔港飞往旧金山和西雅图的261次航班是于下午4点36分坠毁的，机上共有83名乘客和5名机组人员。在83名乘客中，有32人飞往旧金山，47人飞往西雅图，另有3人最终前往俄勒冈的尤金，1人去往阿拉斯加的费尔班克斯。2名飞行员来自洛杉矶，3名服务人员来自西雅图。乘客中有3名阿拉斯加航空公司的职员，4名地平线航空公司的职员，以及这7名职员和其他机组人员的亲朋好友23人。

"我们将尽一切所能查明到底发生了什么，"阿拉斯加航空公司主席约翰·凯利在洛杉矶举行的一次夜间新闻发布会上说。他同时提出存在幸存者的可能。"我是个彻头彻尾的乐观主义者，"凯利说，"海水的确很冷，也很深，这不是我们所希望的情况，但奇迹确实曾经出现过。"

据凯利介绍，驾驶员在阿拉斯加航空公司的飞行时间已有1万小时之多，第一副驾驶的飞行时间也已超过8千小时。

事故发生在洛杉矶国际机场西北40英里处，在大陆港口奥克斯纳德和阿纳卡帕岛之间距海岸约10英里的地方。

在旧金山，4名正在等待此次航班的乘客被公司工作人员带离；几位遇难者的亲属到达洛杉矶国际机场，在那里他们接受了心理医生及牧师的安慰。美国红十字会女发言人布伦达介绍说。

"所有可以动用的设备都已派往现场参与营救，"海岸警卫队上校乔治·怀特先生说，"我们正在积极地寻找幸存者……在58度的水温下人可以生存。我们不会停止行动，直至最后认定已绝对没有希望。"

飞机曾报出现机械故障，并要求转道去洛杉矶。改线被批准后，飞机在飞往洛杉矶的途中坠毁。

"雷达显示飞机从17,000英尺的高空下落，随后便从雷达上消失，"旧金山机场发言人让·威尔森接受电视台采访时说。

据位于文图拉港海峡岛国家森林总部的女发言人苏姗·史密斯女士介绍说，阿纳卡帕岛上的一名国家森林看守官看到了下落的飞机并第一个报告了这件事。"他发现一架飞机坠落在圣巴巴拉海峡。据他所见，飞机是头部先着地，"史密斯说。

事故现场的天空晴朗无云，海水的温度正处在一年中较低的时候——50度左右，水深约在300—750英尺之间。

据伊万斯讲，驾驶员曾在故事发生前很短的时间报告说飞机的"稳定器配平装置"出现了问题。如果驾驶员无法配平飞机的水平稳定器，那就意味着不能使飞机的上升和下降处于稳定状态。使稳定器平衡或"配平"，可以通过旋转座舱内的一个飞轮。飞机有了正常的配平后，机身就可保持水平方向飞行，而不是上下倾斜。

伊万斯还介绍说，事故飞机从前没有发生过稳定器配平问题；此架飞机曾于1月11日接受过一次低水准服务检查，并于去年1月份作为常规保养的一部分接受过一次较为全面的检查。

MD-83型客机是MD-80系列产品中的一款，由麦道公司的商务客机部生产，此部门现已收归波音公司所有。

据波音公司的麦道客机生产部发言人约翰·塞姆介绍说，事故飞机是1992年5月发送至阿拉斯加航空公司的MD-83型客机。该机已累积飞行25,584小时，跑了14,315"圈"（一"圈"包括一次起飞和一次降落）。伊万斯称，该事故飞机最后一次服役是在星期日，尽管他没能详细描述此次服役的性质。这架飞机分别于1999年1月11日和13日通过了"A"种和"C"种检验——"C"种是最全面的检验，"A"种则比较简单。

阿拉斯加航空公司知名度颇高，其飞行路线是沿西海岸到达墨西哥和加拿大等地。这家公司拥有80多架客机，其中包括MD-80和波音737等机型。至1998年底，该公司机群的平均飞行时间是7.6年，在国内是最年轻的。1998年全年载客

1,310万人次。

喷绘在飞机尾部的爱斯基摩人像是阿拉斯加航空公司独树一帜的形象，其安全记录也是有目共睹，它的服务遍布阿拉斯加、加拿大、墨西哥及美国西部5个州的共计四十余个城市。

去年夏天，美国航空公司的一架客机在阿肯色州的小石城坠毁，这是发生在美国与MD-80系列产品有关的最近的一次空难。这架MD-82型客机在着陆时遇上暴风雨冲出跑道，机体分离后起火，造成11人死亡、110人受伤的惨剧。

MD-80型客机与众所周知的DC-9型极为相似，只有一条通道，机尾两侧各装有一部发动机。此款飞机1980年开始投入使用，并已先后改装过至少5次，以满足不同的载客量。

阿拉斯加航空公司的基地在西雅图，开通了从巴亚尔塔港（墨西哥太平洋海岸的一处旅游胜地）至圣约瑟、旧金山及其他加利福尼亚城市的航线。

据Airsafe.com（一家专门追踪报道飞机失事的网站）所提供的资料，该航空公司在70年代曾发生过两次飞机失事，地点全都在阿拉斯加。1971年，一架波音727—100型客机因接收了错误的导航信息，在接近朱诺市时撞在一座山的斜坡上，机上104名乘客和7名机组人员全部遇难。1976年，一架波音727在凯奇坎着陆后冲出跑道，一名乘客死亡。

在回来的路上，威尔森还给美联社的网络新闻部打了电话，就他所看到的一切接受了采访。午夜后他回到分社，为电视台和广播电台举行了一次即时新闻发布会。之后他回了趟家，凌晨5时整又准时出现在了办公大楼里。以后的一段时间里，他需要完成的工作就是彻底搜寻海滩，寻找可能被水冲上岸的残骸，以及采访遇难者的家属。

第15条是这一轮报道的最后一条，但远不是事件的最后结局。为满足当天午后甚至其后两天报纸的需要，工作人员又对现有内容做了多次更新与修改。撰写这样一次新闻报道不单单是将消息一条接一条地发送出去。"尤其是在这24小时连续工作的新闻编辑室里，你要使有些人保存实力以应对突发事件，你要安排人员为下一轮的报道做准备，你还要为留守人员安排好伙食、为在现场人员做好食宿供应，"分社社长助理葛提斯这样说。

科普记者福达尔主要负责事故调查中技术方面内容的报道。他还在几家网站中查询事故飞机的历史资料。汤姆·瓦丁就海上空难有关责任的问题写了一篇文章。利昂·凯丝为每位遇难者做了一篇特写，以使这些在恐惧中集体死去的人们留下他们的身影。

一年之后，当威尔森前去报道为这88位死难者所举行的纪念活动时，他感到了内心深处的震撼。人们竖起了一堵40英尺的高墙，墙面上贴满了2000年1月31日所有遇难者的微笑的照片。在墙的前面摆放着一些死者的遗物：一只爱斯基摩人的海豹皮船，一条未织完的软毛毯（钩针还别在上面），盛布丁的杯子，一摞纸牌。

　　"一阵透入脊梁的冷颤传遍全身。你感觉自己远离了眼前的一切，或无法再做应该做的事，就像做验尸官的感觉，"威尔森说，"一切都那么不可思议，我已不能控制情感……我的喉咙哽咽了。"

② 什么是新闻？

WHAT IS NEWS?

新闻依旧是公平和客观的，虽然今天的记者必须在如实报道事件与发表个人见解之间趟出一条自己的路，美联社就是为美国新闻业带来客观的一股强大的力量。

作为一个被各种性质的报刊所共同拥有的合作团体，它不可能根据某种观点或偏见报道事件。这最终也成为整个新闻行业的行为标准。

若一架飞机在洛杉矶海域坠落，毫无疑问，这就是新闻。那么，如果密西西比州比洛克西的一名动物管理员沿火车轨道追赶一只圈养的公牛时被火车撞死，算不算是一条新闻呢？

　　当然是，让·哈瑞斯认为。因此，三月的一个星期三的早晨，密西西比州的各家报纸都简要报道了这位官员的死因：一位妇女圈养的一只公牛挣脱绳索跑掉并对她的孩子造成威胁，于是她打电话求助。33岁的内森·米歇尔接到电话后跑去帮助追赶公牛，在卡梅拉街口被火车撞死。

　　哈瑞斯是美联社驻密西西比州首府杰克逊的新闻编辑。他每天的工作从早晨7点15分开始，判断发生过的事情是否具有新闻价值。他浏览本州的各家报纸上刊登的消息，考虑其他地区的读者是否会对这些内容产生兴趣。

　　捕狗员之死？"这显然是报上随便什么地方就可安排的豆腐块，"他说。为改善墨西哥湾海岸的空气和水质而设立的联邦基金？"如果我要横穿密西西比州，我会想了解这件事。"

这一天，哈瑞斯就要部署6名手下干将去追踪这个有着280万人口的州中所发生的情况。会有一些重大新闻产生：丑闻缠身的杰克逊警察局局长将引咎辞职；格林维尔的《三角洲民主时代》将被出售；立法机关的头头们将同意向公众公开部分委员会议。

体育记者拉尔夫要去完成一篇有关本州的学校在全国大学生体育协会主办的篮球联赛中前景乐观的报道；提莫西·布朗要针对本州最近几个星期失业人口猛增的现象进行分析。另外还有一篇报道是关于国有电信的。设立在杰克逊的全国第二大长途电话公司——世界通信公司据传将被收购。

所有这些都是新闻报道的好素材。除此之外，杰克逊当局督促司机将车速减慢，因为已有两名路口执勤人员被车撞伤；一名牧师的儿子因涉嫌在他父亲的教堂纵火而受到指控。哈瑞斯将最后决定把哪一条消息发送出去。这有点儿像空中交通管理员，他说。随时他都要根据时间和现有人手的情况决定材料的取舍。

"对于我来说，时间就是一切，"哈瑞斯说。"脑袋里得时刻装着个小闹钟，你对它说：'我们要报道这条消息，'小闹钟就会回应你：'好吧，这是上午9点发出的消息，晚报90％的版面都已经占不到了。'"

不过，哈瑞斯也依靠自己的直觉来判断什么东西具有新闻价值，这种直觉经多年后已经发生了转变。"我记得当初刚干上这一行的时候，类似死亡事故这样的东西在这个州就算是特大新闻了。人们想知道死者是谁，尤其是在交通事故中。随着地区的发展和一系列的变革，死亡事件已不再那么重要。"如今，交通事故早已不是密西西比州内众人皆知的新闻。

美联社主席兼首席执行官路易斯·伯卡第先生随处都可感受到这种变化的存在。70年代中期，美联社曾在纽约市开设了一个"地区分社"，记者们分散在街区、法院、警察局等地。他们将整个城市覆盖，不放过任何蛛丝马迹。"突然有一天，我们发现不再被需要，不再有电话打来，不再有版面安排这种日常琐事。于是这个地区分社便消失了，"伯卡第介绍说。

此种新闻报道曾是国内乃至国际上通用的运作方式。过去只要是德国联邦议院或日本国会或美国众议院说过的话，美联社就拿来做报道。如今这些东西会被认为是小事一桩；如果任何人想得知有关美国议会的详细情况，他完全可以在网上看到。新闻报道的级别已与以往大不相同。有些变化的产生是与信息时代的特征相吻合的。"如今的信息量如此之大，规模是几年前难以想象的，"伯卡第说。

因此，对所报道的内容给出"解释、判断、背景材料"已成为新闻记者的职责。"不久前，对这种要求还存有偏见。旧的报道方式就是直截了当地'他说'或'她说'，美联社当初也是这样做的，"伯卡第说。"如今我们已经摆脱掉这种常规……时代要求我们去帮助读者处理这些信息，因为凭借个人的能力任何人都是无法应对的。"

"报道使用的语言和报道主题也发生了变化。我不认为自己已经老朽，但当初我在报社工作的时候，任务之一就是留心那些报纸上不能出现的用词。如今它们就可以在你眼前极其自然地溜过去。现在对所报道的主题有一定程度的公开化，这是从前没有的。"

"如今，对公众人物、娱乐界名人等的私人报道比从前范围加大了。"

"匿名的问题比20年前或再早以前更为严重，部分原因是水门事件对新闻报道行业的影响，部分也可能是因为政府机构不太好打交道。现在存在着更多的官方秘密、更多的障碍……不能通过官方渠道得到消息，就只好另谋途径。"

报道的速度依然是关键，就像当初美联社记者与合众国际社的同行抢占电话机汇报他们的发现。"如果是突发性新闻，我们就想第一个得到它，"哈瑞斯说。如今新闻记者承受的压力要比过去大得多。新闻消息通过新闻电视联网和因特网瞬间就能传达给大众，记者们就只得使出全力去拼抢。

但是有些东西依旧没有改变。虽说现如今只有更加新奇的报道才能引起读者的兴趣，而且记者们所添加的惊叹语很可能比故事本身还要精彩，但正如伯卡第所说的，新闻仍旧是"使大家争先恐后去争夺的东西"。

新闻依旧是公平和客观的，虽然今天的记者必须在如实报道事件与发表个人见解之间趟出一条自己的路。美新社就是为美国的新闻业带来客观的一股强大的力量。作为一个被各种性质的报刊所共同拥有的合作团体，它不能根据某种观点或偏见报道事件，这最终也成为整个新闻行业的行为标准。

"我的任务就是传送事实，"美联社第一位驻华盛顿记者劳伦斯·格布莱特于1862年这样写道。"我的工作规则不准许我对任何事实妄加评判。我的电讯稿被发送到各类政治性报社，因此我就限定于只报道那些自己认为合法的内容，并努力做到如实与公正。"

最为首要的是保证新闻报道的准确性。"达不到准确，你就是没有得到任何新闻，相反地还会起到一定的损害作用，"美联社东南区记者艾伦·布瑞德这样说。

这并非表明美联社所发送的报道总是一如既往地准确无误。每天都会有出错的事情发生，有些已经作为故事一直流传下来。

其中最为引人注意的，该算是美联社记者在林德伯格绑架案的裁决问题上弄巧成拙，那极具损伤性的时刻已成为笼罩在美联社头上几十年不散的阴云。

查尔斯·林德伯格是第一个驾机横越大西洋的人，他是他那个时代最伟大的英雄。他19个月的儿子遭劫持，这已是本世纪的大事件之一。美联社记者弗兰克·杰米森因11周跟踪报道寻找孩子的全过程而荣获普利策奖。最后孩子的尸体在离林德伯格新泽西的家约五英里处被发现。

布朗克斯区的木匠布鲁诺·霍特曼因罪受到指控。审判于1935年1月在新泽西州的弗莱明顿开始。公众对这件官司的热情持续不减，因此美联社新泽西分社社长下定决心要第一个将裁决的结果发布出去。他的安排是：由一名记者偷偷地将一个微型发报机藏在大衣里带入审判室，裁决公布后，他就给另一名躲在顶楼上的记者传信，再由后者直接将消息传发出去。

陪审团2月13日上午11时15分开始审议。据说11个小时后将进行最后的裁决。身带发报机的那名记者当时就在审判室，另外还有一位美联社记者将通过传统方式做报道。

接下来发生的事至今也没有一个圆满的解释。躲在顶楼上的记者向全国发送了一条简短的电讯："弗莱明顿——裁决已定，罪犯被判处终身监禁。"事后他说他清楚地接听到发给他的这条电码（共有四个信号），而携带发报机的记者却坚决否认曾发过这条消息，而且事实上当时裁决结果还没有出来。

美联社的这条错误消息在线路上停留了11分钟，当时很多人都在关注着这一世纪审判的结果。最终却是霍特曼被判处死刑。

"这次失误对于美联社的所有成员来说几乎是一场悲剧，"奥立佛·格拉姆林在他的《美联社：新闻的故事》一书中写道。当然在此之前美联社也曾有过大的失误（1884年总统大选时，美联社报道说詹姆斯·G.布莱恩在纽约得票最多，这将使他最终赢得大选。结果是他并没有在纽约获胜，也最终与总统的宝座无缘）。但是作为一个以报道的准确性（并非速度）而倍感自豪的新闻机构来说，那一刻是威信扫地的。美联社报道出错这一点就成为了一条新闻。

65年后，在2000年的总统大选当夜，美联社却发布了与其他媒体截然不同的报道。一个多世纪以来选票得数最为接近的一次选举将在势均力敌的较量中结束。选举人节目，电视新闻网的一个合作伙伴，通过计票及数票推断乔治·布什已经赢得佛罗里达州的多数票，并最终在大选中获胜。各家电视台紧跟着发布了这条消息。

只有美联社在静观事态的发展。报社的十多位编辑将电话打到美联社在迈阿密、华盛顿及纽约的分社。有人憋不住火儿了，因最后揭晓的时间已经逼近，美联社何时才能预测到大选的结果？

但是美联社有自己的投票记数，其显示的结果与上面的推断是不同的。华盛顿分社社长桑迪·乔森与分析家们交换了意见，并达成一致。夜间3点11分，美联社发出了一条忠告：虽然联播公司已预测布什取胜，但是未决的选票有可能改变这一结果。正如美联社所料，这种情况持续了五个星期的时间，直到戈尔决定退出竞选。而此时距媒体过早地宣布他的失败已有35天。

"美联社历史上曾有过众多'辉煌的时刻'，"俄亥俄州出版《弗里蒙特信使》的詹姆斯·道贝尔写道，但在这次总统大选中它的表现"是最为出色的"。

　　如果没有精确性，就不能称之为新闻，只能算是虚构。

③

新闻报道的灵感

IDEAS AND

HOW TO GET THEM

每当泰德·安东尼有了一个新闻报道的设想，他就小声把它录进数码录音机里。对这种做法他感到有点不好意思，不是非常，只是有点，因为他不是一个轻易就感觉不好意思的人。

　　记者应当随时做的就是注意信息的来源，这和抓住脑袋里的想法差不多。不论在什么地方发现了你都要有所反应。如果你读到某位将来可能会有用的人的资料就要记录下来。即使你没有他们的电话号码，也要用一个关键词存入电脑，以备不时之需。

小镇上的麦当劳，有喜也有忧

美联社国内记者泰德·安东尼

考德斯波特，宾夕法尼亚州（美联社） 麦当劳快餐店开张的当天，好像整个波特县的人都涌来了。孩子们拥挤着购买快乐套餐，法官驾车前来参观，商业区的商人送去了鲜花。

"现在，我们再不用开车40英里去吃一个大汉堡了，"15岁的马特·西雷说。

去年9月的那天，国内的两家研究机构，一家倡导传统饮食，一家偏爱全牛肉的馅饼和芝麻籽小面包，聚在一起。就在同一天，麦当劳在小镇开业了。

如今，全美已有越来越少的城镇对"你要不要来份炸鸡？"这句话感到陌生。随着这个小规模的拥有57个座位3张室外餐桌的金色拱门的第20,160家分店的正式到来，这座只有3,200人的阿勒格尼河谷小镇也成为其中的一员。

3 新闻报道的灵感

考德斯波特是20世纪晚期美国人所梦想的那类理想的小镇，随处可遇的是家庭经营的店铺、公共场所及直呼其名的问候声。直至去年，小镇中也只有两家晚餐店、一家老式旅馆饭店、几处比萨饼经销点以及3家家庭饭店，方圆数英里之内没有任何快餐连锁店。

这家麦当劳店紧邻商业区。镇上的许多居民对于它的到来早已有了思想准备，这意味着镇区的地图上又多出了一个圆点，意味着这里的人们已被推进了充满广告、商业与时尚文化的现代生活中，同时也意味着担心与忧虑——不知道下一个到来的会是什么。

★　★　★

"这里的一些商人很惧怕麦当劳，"杰夫·卡泽米尔（镇上的两名理发师之一）去年夏天说。那是麦当劳开业的前几个月，当时他正与5名同伴在小镇上最具古典意味的科瑞廷顿饭店用午餐，话题便转向这个即将到来的新餐馆。

"主要是年轻人——他们总是在街上闲逛，这样会给他们一点自信，"作家兼州警察局摄影师雪莉·丽特说。"那些长时间在别的地方没有找到工作的人也可以在这儿寻一份工作。"

"这表明我们在进步，"做保险业的马利斯·麦克兰姆说。

克里滕登饭店的主人、小镇的商会主席沃特·贝克先生也持赞同的态度。"它会吸引更多的人来到这里，这是种好现象。"

当麦当劳真的来了，众人的忧虑便显露出来：这些绚丽的装饰和汽车文化的建筑风格是否会将考德斯波特推向庸俗？交通是不是会变得难以承受？孩子们会不会整日闲逛制造麻烦，使小镇上的四位警察从此紧张起来？而更为不祥的感觉是，像汉堡大王、必胜客，甚至沃尔玛连锁超市会不会接踵而至？考德斯波特是不是会从此失去它独特的魅力？

"当第一家此类特许经营店在小镇落脚的时候，实际上是给这里的人们敲响了警钟。他们开始自问：'我们需要什么？'"美国小镇管理中心的负责人肯尼迪·史密斯女士说。这个中心是国家历史文物保护信托机构的一部分。"现在就应对这个问题加以重视。10年后，当必胜客及露天摊位铺满街的时候，就为时太晚了。"

★ ★ ★

宾夕法尼亚州是国内拥有农村人口最多的州。据1990年国家统计局统计的数字显示，全州1,180万人口的31.3％居住在农村。宾州农村研究中心所做的调查也说明了同样的情况：小镇的零售商纷纷拥向露天商场，老的商业中心在艰难中维持，城镇的边沿地区正经历着新的发展。

许多小镇已失去原有的生气，取而代之的是一系列的连锁汽车旅馆、连锁餐馆、连锁饰物店、连锁小市场等。"坐飞机随便在一个地方降落，你会搞不清楚自己是在哪儿，""风景美国"项目的负责人卡罗先生说。

这不是人们所渴望的，但却是可以理解的。据统计，有95％的美国人曾在麦当劳用过餐；市场营销者们花费如此的心血将标准的快餐变为人们生活中不可缺少的部分，以至于作为消费者的民众已将缺少快餐看成了生活的一种不足。"消费主义就是未来。通过这种方式我们将被联系在一起，"刚刚离职的小镇就业官员比尔·卡得威尔这样说。

但是这种转变来得并不容易。自力更生，尤其在饮食方面的自给自足，在这个地区的人们心中是根深蒂固的。

192年前，考德斯波特在一片铁杉林中诞生，居民一直以来以野外生活为主，打野鹿、火鸡、松鸡、野熊是人们生活的主要内容。小镇的历史上充满了将林中的猎物或水中的捕捞物当做晚餐的传奇故事。

即使在今天，仍有40％的居民住在狩猎的小木屋里；新开的麦当劳快餐店几码之外就是1876年6月当地人纳尔逊成功捕捞全镇最大的一条斑点鲑鱼的地方。

不过正是这些猎手们诱使了麦当劳的到来。每逢周末，他们从宾西法尼亚州的各个角落来到这里野营、狩猎、垂钓，乘雪上汽车旅行。之后，他们就想得到现代生活的快乐：热澡盆代替了传统的壁炉，复杂的电视接收系统也安装起来。清晨起来，他们就来到了麦当劳快餐店门前排队。

考德斯波特商业街与此同时保持着旺盛的生命力，这倒并不归功于那些使众多历史小镇恢复了生气的外形造作的礼品店铺。这条主街是真实的，当地人在此就是为日常的经营。至今，大部分经营活动都是独立的。

考德斯波特曾经面临与其他小镇同样的命运：人口流动，工业衰退，年轻人离去。但是在80年代中期，企业家约翰·莱杰斯电缆通讯公司开始飞速发展。他将公司的总部设在镇上，业务的持续发展使该公司成为了一个人员不断增长的基地——现技术人员的职位已达到500个。

波特县经济繁荣，加之美国第六大道便利的交通和麦当劳快餐店的到来，在150名申请人中有60人获得了在快餐店的工作。这为考德斯波特镇的生存创造了条件。"麦当劳知道选择什么地方落脚，"卡罗说，"如果开在这个地方，就有生存下去的可能，这对小镇本身也有益处。"

★　　★　　★

基恩·沃思的GIW公司是在宾夕法尼亚州的麦当劳特许经营者。自1978年以来，他就立志将一个全国规模的企业转到地方经营上来。对于他来说，麦当劳就是一个家庭模式的企业：他的儿子在此地以东70英里的托旺达开了一家分

45

店，女儿经营着30英里外曼斯菲尔德的一家分店。GIW公司还在另一个邻近第六大道的小镇开设了一家分店。"麦当劳是一家很了不起的公司，"曾在UPS公司做过司机的沃思说。"总有人想出来诋毁它，可它就像一个大家庭。"

麦当劳快餐店长久以来鼓励这种经营方式，其85%的本国分店都是特许经营，即将经营权授予那些在本地居住的商人。"许多人认为我们在替代传统的夫妻老婆店，"麦当劳企业的发言人查克·伊赫灵说，"我认为过去40年改革的结果是我们终于成为另一种形式的夫妻店。对于小镇来说，我们并不陌生。"

沃思也开始认识到第六大道地理位置的重要性——"我们不能把店开在僻静的街上只吸引当地人"。他想把买卖做到社区，顾客不仅仅是过路的司机。他想让人们能在本地购买所有的必需品，从五金器具到表层土。不过，企业的经营结构限制了他。尽管波特县以种植土豆闻名（一个名为"美国土豆城"的大农场就在附近），但麦当劳的炸薯条都不是来自当地的土豆，而是来自专门的供货地。

从历史上看，快餐店已在逶迤的公路、州际的出口地带及边缘城区扎下了根基。如今，它正走进未开发的地方：历史名胜、校园、机场、医院以及像考德斯波特一样的小镇商业区。"他们不得不持续地推进并占领这些地区，这些是客源存在的地方，"美国捷运公司的分析员麦克·肯尼迪说，"他们将缩减并在一个更小的规模上发展，以吸引新的消费者来购买他们的汉堡，而不是去别的地方购买。"

★　　★　　★

令人感到惊奇的是，美国人如此珍视小镇的特征——唤起民主意识的维多利亚及希腊复兴时期的建筑。这本身就是19世纪的标准化模式。"多年前，这些人们钟爱的建筑外观也被机械呆板地复制，"理查德说，他曾为写作《重回小镇》一书花了二十多年的时间对小镇的商业区进行研究。小镇本身即代表了一种标准化和全国性的信仰和价值体系全面同化。

如今这种价值也往往包括企业的品牌，它们正向考德斯波特镇走来。除麦当劳外，汉堡大王也表现出了开店的兴趣，必胜客已对四周地区进行了探查，超级第八汽车旅馆连锁店在小镇边缘看好了地盘。接下来便是沃尔玛，这家重量级的折扣店曾有意在小镇附近开业，但至今还没有建店。杰克·哈罗冉说，如果沃尔玛一开张，他就关掉自己的五金商店。

"许多代人曾居住在这个小镇，贸易代代相传，"小镇首饰店的琳达·鲁塞尔说。"突然间，麦当劳出现了，这在视觉上提醒人们，他们曾热爱的那些日子已一去不复返。"

因此考德斯波特镇的居民谨慎起来，也许正应如此。

"如今美国已没有任何地方会偶然地保持独特，"美国林荫道工程负责人爱德华·麦克马豪说。此工程得到一家非赢利机构"自然保护基金会"的支持。"毫无例外，那些被认为独特的地方已经掌握了自己的命运。如果考德斯波特镇不采取任何措施，十年后那里就会建起七家快餐店，整个地区就得完蛋。他们必须呼吁：'我们想与众不同。'"

★　★　★

一个寒冷的二月的早晨，麦当劳快餐店开业几个月后，杰克·哈罗舟捧着一杯热咖啡来到他的五金商店。在克里滕登饭店的底层，杰夫·卡泽米尔正饮着当天的第一杯酒。

在米基餐馆里，雪莉·丽特找了个座位并点上第一只薄荷香烟。在她的身后，警察局长品尝着咖啡。一个熟人进来归还停车借的一角硬币。座位全部占满了，丽特认识在座的每一个人。新鲜的夹心煎蛋饼摊在盘子里，样子绝不雷同。一条歇后语提醒大家："管住你的舌头，否则你会去舔马嚼子。"

最后出现的是78岁高龄的米基·古德温。三十多年来，她坚持每日凌晨四点起来炸面包圈，不与人闲聊，而且从没有踏进过麦当劳的门。"老顾客们非常忠诚，"她的女儿南希说。"麦当劳正在多多少少地影响着每一个人，但他们会一如既往地来这里品尝妈妈的炸面包圈，倾听她一口流利的丹麦话。"

此时此刻，在麦当劳快餐店里，人们正排队购买鸡蛋松饼。这里的鸡蛋与松饼相配得如此完美，抓住了每个人的胃口。

"在麦当劳，厨师是不会走出来和你交谈的，"哈罗冉不无痛惜地说。

麦当劳将永远保持其已有的风格：清洁，快速和同样的食品与质量（除个别地区差异外）。小镇并没有一成不变，麦当劳快餐这个庞然大物的到来为城市时尚的涌入打开了大门。

不过也许情况并非如此。

"有不少小镇已经不存在了，不过考德斯波特依然还在，"退休官员卡德威尔说，"多样性已成为这个地方生存的血脉。如果有的东西维持不住了，还有别的东西可以依靠。我认为这就是一种发展——多一点与众不同的东西会帮助这个小镇生存得更长久一些。"

每当泰德·安东尼有了一个新闻报道的设想，他就小声把它录进数码录音机里。对这种做法他感到有点儿不好意思，不是非常，只是有点儿，因为他不是一个轻易就感觉不好意思的人。

"这件事看上去有些蠢。有一部叫《夜班》的老电影，主人公米歇尔有一台手提的暗盒式狭带录音机，他就经常用来记录如

'计划：趁那条金枪鱼还没死，喂它蛋黄酱'之类的事。我想许多记者都不会这么做，因为这看上去太滑稽。"

"但事实上我们许多的好想法都是来自于周围的事物，而并不是靠坐在桌子后面冥思苦想。在我们与周围世界的接触中，会看到成百上千的东西；在我们每一次乘车、乘地铁、每一次开车去购物的途中，许多好的设想从我们的脑袋里一闪而过。我认为获得报道主题的关键更多的是抓取，而不只是寻找。我们都会产生想法，但并没意识到这些是想法，认为'离奇'或'有趣但有点儿拿不准'。可是随后这些想法就从脑袋里跑掉了。"

他说，将这些想法录下来或记在笔记本里，到头来十有八九没什么用，但也许就是那第十个成全了一篇优秀的报道。

"我曾从杂货店的海报栏中、从分类广告中、从沿路经过的事物中得到灵感，并进一步思索它们说明什么。"

安东尼说，新闻记者经常要"放下触角。我们习惯于在参加政府会议或在工作状态下寻找创作的灵感。养成随时随地思考的习惯不应是个问题，只要有了想法后给予重视就可以了。窍门就在于将我们生活的各个方面都汇集到那座灵感的加工厂中"。

一次，为写一篇报道，安东尼来到新罕布什尔州的基恩。一天他来到一家泰国餐馆，用餐时发觉屋内的背景音乐正是一首通过米尤扎克[1]播放的"日出的房屋"，不觉联想到这首老歌所

---

1. 米尤扎克：一种通过线路向餐馆、商店、工厂等用户播送录制好的背景音乐的广播系统。

走过的历程——从民谣到发展一首在小镇的泰国餐馆中播放的乐曲。在随后的几个月中，安东尼着手追踪这首歌的来历，查明它真正开始为大众所知是在1937年，国会图书馆的一名民俗学者把一位肯塔基女孩儿的演唱录了音带了回来。安东尼听了这首歌的几种版本：雷盖版、爵士版、重金属版。他与歌手及音乐学者交谈，最终完成了一篇关于文化在我们的时代如何传播的报道。

"我试图从每天的生活中挖掘题材，"他说，"当我写文章的时候，经常有人对我说：'你那不叫报道'或'你说得太多了，并不是每件事都有深刻的含义。'但有些事情的确如此。"

据安东尼讲，他的许多好的想法都是"从别的报道中产生的"。一次他看到一篇关于宾州小镇克拉布特里的短讯，谈那里的道路保养计划。文章的最后一段提到，镇上的居民要"对本镇的三位国会议员实行监督以确保计划的实施"。

"我看到后就想，'这个镇这么小，怎么会有三名国会议员？'于是我就打了个电话。后来才知道，这个小镇坐落在三个众议员选区的夹角处，所以这个只有约1500人的地方在国会里就有三名代表。因此我就去那里写了一篇报道。"

有关麦当劳快餐店的报道有着相似的来历。在纽约的埃尔迈拉探望女朋友时，安东尼顺手翻看当地的报纸《星报》。在介绍宾西法尼亚州的部分里，他看到了一篇长八英寸的关于国内最大的快餐连锁店麦当劳六个月后要开分店的报道。几年前，作为宾州首府哈里斯堡《爱国者新闻》报社的记者，他曾到过宾州的不少地方，考德斯波特镇是他最喜爱的小镇之一，那个充满魅力的小镇和如画般的县政府办公大楼吸引了他。"在一个有雪的冬日，那里的意境比歌里唱的还要好，"安东尼说。

安东尼对美国乡村景色的变化以及日常生活中司空见惯的琐事如何潜移默化地改变我们的生活抱有很大的兴趣。其中之一就是快餐连锁店，因为是它们"改变了我们的饮食习惯，形成了我们对商业、特许经营、连锁店的看法。也许最为重要的是，帮助改变了我们的社区经营的方式，"他说。

当时他想，也许可以从考德斯波特的例子中学到些什么。

他打电话给驻考德斯波特的《星报》特约记者雪莉·丽特。她对他说，如果他来小镇，她可以找几名当地的商人来和他聊一聊。因此，在夏日的一天，安东尼便坐在了克里滕登饭店里，旁边有丽特，理发师杰夫·卡泽米尔（他在克里滕登饭店的地下室开了一间发廊），经营小镇保险业的马利斯·麦克兰姆，五金商店店主杰克·哈罗冉以及克里滕登饭店的主人、厨师兼小镇的商会主席沃特·贝克。

这是一次随心所欲的交谈。众人担心麦当劳是否与小镇整体的美感相协调，担心未来的交通及年轻人的闲散问题，担心类似沃尔玛的连锁店是不是会步麦当劳的后尘。对安东尼而言，这是一个理想的开端：虽然众人的话题是针对小镇本身，但是他们的忧虑与担心在全国范围也是会引起共鸣。

"有两个因素可以使一篇报道与众不同，"安东尼说，"如果你所写的事情完全独特，你就可能会抓住读者的目光；如果你是写一件很普通的事情，但却与每个人的利益密切相关，你照样可以吸引读者。不过真正的技巧是将这两种情况合二为一：写一个令人耳目一新的地方、一种罕见的情景，但同时要保证主题思想具有普遍意义。"

于是安东尼开始撰写他的报道，同时对小镇也有了更加本质的了解。在此之前，当编辑通过了他的报道计划后，美联社的电视片制作部也对此表示了兴趣。我们可以派一个摄像小队跟随你，他们说。

千万不要，安东尼拒绝道。如果你去一个农村的小镇进行报道并试图得到当地人对你的信任，就不要扛着摄像机进去。

"方法是尽可能地不张扬。你可以在那儿的理发店理个发，在五金商店里逗留一会儿，在餐馆吃饭，融入到他们生活并与他们交谈，而不是直接进去就拍摄，"安东尼说。

"我说一件我做过的事，好多人都认为很愚蠢。当我在中西部做报道的时候，我就摘下了我的耳环，因为我觉得在中西部很多地方，如果你说自己是从纽约来的记者，就很难得到什么反应。如果你说是从纽约来的记者并带有耳环，那简直就是找死。这看上去好像是件小事，好像是件令人厌恶的事，但事实是这样可以在好坏之间做出区分。"

在纽约，安东尼保持着自己的着装风格。他打古怪的领带，还曾穿着印有非洲图案的衬衫来到办公室。但每当做报道时就不是这样了。"我不喜欢工作时穿的样子，但我必须这么做。有时我会穿正规的服装，但大部分时间是一件普通的衬衫不打领带，普通的长裤，普通的鞋。我不想显得与众不同，只想因衣着没有什么特色而不引人耳目。"因此可以与各类人打交道，不管他们来自何处、态度如何。

安东尼开始收集可以使他的报道丰富起来的细节内容。他查阅了考德斯波特镇的历史，希望对小镇有更深层的了解，并挑选一些可以拿来用的历史资料。"我发现一小段传说，讲一百多年前一个年轻人曾捕捞到全镇历史上最大的一条斑点鲑鱼。大家谈论这件事发生在什么地方，后来我发现地点离即将开业的麦当劳店非常近。"

安东尼记录下所有他认为可能有用的东西。

"你不可能得到太多的细节故事，你也不能在报道中使用太多这样的内容。使用多少要靠自己控制，但在收集这些材料时不要限制自己。很显然地，你不可能收集到每一个细节，但你一旦注意到某件事，就要把它记录下来；只因为它引起了你的注意，就说明其本身具有重要性，否则的话你也不会注意到它，倒不见得它对你有多重要。在任何场合、任何你正在做的事情中，都会有成百上千的细节会被注意到；你已经对其中之一产生注意这一事实就说明这件事已经脱颖而出，本身就有潜在的利用价值。"

另外，安东尼补充说，在动笔之前你不会真正清楚什么东西有用。

最近，安东尼每逢外出采访就随身携带一台数码相机。他照很多照片，写报道时就拿出来参照，就像导演在开拍前做的情节串联图板一样。

他外出徒步旅行的时候和一伙儿寻找飞机残骸的人一起在山上野营，回来时他带回好多照片，把它们粘在一个卡纸盒上，放在电脑显示器顶部。

"我可以说出那里的树叶仍然挂在树上，草丛依然很绿；当你在丛林中寻找飞机残骸的时候，这些事物是与之密切相关的。我还仔细描述了那里的灌木丛、小路、松叶、天空等等。"

考德斯波特本身只是报道的一个部分，安东尼还想了解美国人对于小镇的看法，看看这个时尚的、被理想化了的小镇生活的概念是不是有根据，同时也想更多了解麦当劳公司及快餐的哲学。他读了一本名为《拱门的背后》的有关麦当劳快餐业发展史的书，采访了位于伊利诺伊州的麦当劳总部的工作人员。他与在考德斯波特开设麦当劳分店的吉恩·沃思交谈，到那时才认识到这并不是关于一个外面的大企业将路开进一个小城镇的故事；沃思来自马斯费尔德镇，他是以一种家庭经营方式开办麦当劳特许经营店的。安东尼还采访了多位专家级人物，如报道中提到的"美国林荫道工程"的负责人爱德华·麦克马洪、作家理查德·弗兰卡维德拉、美国捷运公司分析员麦克·肯尼迪等，有几位没有在报道中提到。

"我很早就知道有这样一些了不起的人物，从一个纯粹实用的角度讲，他们可以为我的报道增加更多的事实和可信度。"作为父母都是大学教授的他，并不像有些记者那样不相信学术界，不过有时他也只是打个电话向专家讨一些背景资料，或是为他推荐其他更适合的人选，或是证实一下他所做的工作没有偏离正题。

安东尼已经积累了并在继续积累大量有关专家的情况，并把它们汇集在微软Outlook软件借助于关键词可以查找到的、计算机化了的名片夹中。"每次我遇到感兴趣的人物，就给他建一个带电话号码的地址卡，同时还要加入八九个关键词，这样当作为一个自由形式的文档进行查询时，这条东西就可以显示出来。比如说我找'franchising'（特许经营）——麦当劳快餐店就是一个很好的例子——于是我手头就有四五位专家可以出来就此问题发表看法。"

"新闻记者应当随时做的就是注意信息的来源，这和抓住脑袋里的想法差不多。不论在什么地方发现了，你都要有所反应。如果你读到某位将来可能会有用的人的资料，就要记录下来。即使你没有他们的电话号码，也要用一个关键词存入你的电脑名片夹里。等到你需要他们的时候，你就知道可以在哪里找到他们。你也许知道他们是哪里人，然后就想法查到他们的电话号码。我每周都阅读周日出版的《纽约时代》，从'星期回顾'和'艺术与休闲'两个栏目里每次都能得到六七位专家的新信息。于是我就把他们的名字写在纸条上扔进书包里，等到星期一再存到电脑的名片夹中。"

安东尼还利用大学网站及公共关系新闻网的网站Profnet查询有关专家的情况，后者（www.Profnet.com）提供的专家可以解答许多方面的问题，还可将记者寻找其他方面的专家的要求登在网上。"如果我发出一个请求，就会得到30至40个人的回应。也许我只用其中的两个人，其他人的情况就存到名片夹里。"

安东尼每年要四次浏览《出版商周刊》的特刊，寻找各季度中感兴趣的图书，并将书名、作者及出版社的名字记下存进名片夹。他会去买一些可能有用的书，即使近期内不会有时间阅读，只为以防将来用得上。有关麦当劳发展史的《拱门的背后》就是一例，那是他在报道考德斯波特的故事之前好几年从书店买回来的。

"我的名片夹在我的电脑里，在我的书架上，在我的脑袋里，在所有我阅读的杂志和报纸里。所有渠道来的东西都融在一个大的数据库里，这些潜在的信息源只是静静地在后方等待，以便我什么时候需要它们。"

为了本篇的报道，安东尼曾三次光顾考德斯波特小镇：一次在麦当劳开业前，一次在开业的当天，一次在六个月后。实际上他还去了第四次。"我只是路过去吃了个大汉堡，与这篇报道无关。"他回忆说，最重要的时刻是在开业的当天，一位麦当劳的常客对他说："现在我们再不用开车40英里去吃一个大汉堡了。"

"对于我来说，就像在坚果壳里的感觉。小镇因其独特的魅力受到每个人的喜爱，但人们也有一种被连接起来的渴望——希望像其他人那样融入到大众文化与快餐潮流中去。人们的紧张情绪存在着。是的，我们想保持小镇的原貌，可是我们也想在其他人认为如此时尚的生活中占有一席之地。"

"从这点出发，我的报道便有了立足点。这是一个小镇渴望同时拥有两种东西——昨天与今天的故事；他们既想与众不同，又想与其他人看上去没什么区别。"最后的结果显示，考德斯波特为两种东西提供了共同生存的空间。

对于安东尼来说，写作过程中最难过的是编辑过程。"很艰难，尤其是有些人对这份报道充满热情，你曾采访过他们，而最终他们的名字没有出现。"

他引述了两位上司的话。在查尔斯顿的他的第一任分社社长皮特·马提斯曾对他说："每当你认为已经写完了一份报道的时候，总还有十分之一的内容可以删去。"他现在的编辑布鲁斯·德尔威的口头禅就是："当你完成了一篇报道后，拿掉其中认为不错的内容，剩下的就会是最出色的。"

"我已经很喜欢自己写出的一切，包括每个字、每个词、每一句引言，实在很难下手删改。当他们想去掉什么的时候，我就和他们争吵，甚至大发脾气。不过到最后，不得不承认他们的做法的确不赖。"

④ 倾听美国

IDEAS II:

LISTENING TO AMERICA

我想我比现场的记者挖掘得更多。现场的记者只寻找一两件事，我不知道我要找的是什么。所以我就找人交谈，只是聊天，不管和谁。

　　8 年时间里，朱尔斯·劳一直行进在国内僻静的公路上，寻找没有人报道过的事情。采访枪杀恶霸肯·麦克尔罗伊的案件时，没有人愿意谈这个案子。然后他就问为什么不愿意谈。结果他们就告诉他过去没有对别人说过的事情。并不是他们不想说，而是因为没有人追问过他们。

恶霸之死

美联社特约记者朱尔斯·劳

斯基德莫尔，密苏里州（美联社） 肯·麦克尔罗伊因开枪打伤村里的杂货店主而被告有罪，但他从法院出来后不久又来到了B&G小酒馆。

他没有表现出丝毫的自责，脸上带着愠怒。每当他闷闷不乐的时候，谨慎的人们就躲得远远的。即使在他心情还不错的情况下，整个诺德韦县酒馆里的硬汉们也都把他称作"先生"。在路上遇到他被看做是不祥的征兆。

"他从不向任何人低头，"与他结婚五年的年轻的妻子特里纳回忆说。"他从不关心那些人是谁或有多少人在那儿。他不需要任何人在他身边。"

肯·麦克尔罗伊个子高大，体格健壮，体重265磅，双臂粗大，前额凹陷，浓眉，满脸的络腮胡子，浑浑噩噩地度

　　　　　　　　4 倾听美国

过了47年的时光。

他不是一个街头闹事者，他很特别。他会紧紧地注视着你的眼睛或挥动手中的手枪，使你在心灵的深处感到一种恐惧。如果你是他某一天攻击的对象，他就会蹑手蹑脚地靠近你。他无声地盯着你的眼睛，说话时也像在自言自语，令人不寒而栗。

肯·麦克尔罗伊出生在镇外的一个农场。小时候他曾从一辆运干草的车上摔下，脑袋里移植了一块钢片，许多人猜测是否这就是导致他脾气如此古怪的原因。

诺德韦是一个仅有440户居民的小镇，加油站、银行、邮局、酒馆、柏油路一应俱全。还有起伏的草场，成熟的庄稼，红色翅膀的山鸟，肥硕的耕牛，风车及筒仓，一派田园风光。

肯·麦克尔罗伊打破了这种乡村的宁静。因为他已经不在人世，今日的小镇居民可以带着毫无保留的解脱来回忆他过去所做的一切。然而，他带给人们的恐惧还在以一种新的、预想不到的形式留在人们的心底。

去年6月26日，也就是被证明有罪的当天，出现在B＆G酒馆里的肯·麦克尔罗伊明显地闷闷不乐。"我从13岁开始就跟检查官打交道，今天我他妈的都快50了，"他对着啤酒低声抱怨，"这是我头一次失手。"

在接下来的两个星期里，镇上的人们也在思忖为什么他一直会在B＆G小酒馆或其他别的地方出没，而没有像人们从他13岁起就希望的那样待在牢房里。

这一次又是这样，他交了四万美元的保证金后被免于处罚，消息震惊了镇上的居民。不管是不是作了保证，反正他是趾高气扬地走进B＆G酒馆，带着一只上了刺刀的M-1步枪。

"这已是老生常谈了，"欧内斯特·伯文坎普的妻子洛伊丝·伯文坎普说，"警察抓住了他，法院把他放了。"72岁的老杂货店主伯文坎普被镇上的人们友好地称为伯。麦克尔罗伊一枪打在了他的脖子上，所幸保住了命，不久又可以重新干活了。

麦克尔罗伊因携带枪支而被撤销保释。在6月10日为此而举行的听证会当天，约60名镇上的人聚集到了镇中心。他们认为人多势众，集体会给法官留下深刻的印象。他们还考虑到要一起去法院，因为在麦克尔罗伊仍自由的情况下，独自行动是不明智的。

可是当他们到了镇上的时候，才知道听证会已经被推迟了，众人对此感到很恼火。之后他们集中到退伍军人协会，邀请县里的行政司法长官和他们一起商讨如何躲避身边的危险以保护自己。

讨论正在进行当中就有人跑进来，捎口信说"麦克尔罗伊正在镇上"。以往在这种情况下人们就会纷纷躲开，但这次情况不同。这些人大步走进B&G酒馆，等麦克尔罗伊喝完杯中的啤酒，和他一起走出门。他们无声地注视着他走进车里。突然，有人向他开了枪，至少有三颗子弹射中了他的脑袋。

此时，一种新的恐惧笼罩在人们的心里：刚刚经受了因法律执行无效而带来的担心与害怕，现在又要面对法律的审查了。人群里没有一个人愿意说出到底是谁打死了他。

特里纳当时和麦克尔罗伊在一起，她告诉角落里的一个陪审员她看到是谁开的枪并说出了他的名字。然而，陪审团最后的结论是麦克尔罗伊是被"一个或多个不知名的人"打死的。现在，来自另外一个镇的一个大陪审团将着手调查这件事。

特里纳不是麦克尔罗伊的第一个妻子，而是第四个。他共生了15个孩子，其中三个是他和特里纳所生。当他们的第一个孩子已经一岁的时候，两人结了婚，当时特里纳才17岁。用法官的话说，他们的结合值得"怀疑"，镇上人对这件事也有说辞。

法官曾判麦克尔罗伊对特里纳犯有强奸罪，特里纳予以否认，称他们是自愿结合的。他当时已经有了妻子，特里纳也需要争得父母的同意，事实是他们拒绝了。

在强奸案开庭审理的前几天，发生了四件事。一是肯和原来的妻子离了婚；二是特里纳父母的一间房子被烧毁；三是特里纳的父母同意了他们的婚事；四是他们到另一个县办理了结婚手续。

至此特里纳已不可能做不利于麦克尔罗伊的证明，强奸案也被搁置下来。

麦克尔罗伊之所以能长期戴罪逍遥法外，就是因为没有人愿意出来指证他的罪行。照他的律师的话说，因"缺乏证据"他多次被拘捕后又被释放，到底有多少次连他都记不住了。

他因偷牲口、威胁他人、骚扰未成年人、纵火等多种罪行受到指控，但证人总是想办法躲开。一次他需要被证实开枪打一名农场主，可证人们提供的情况根本就对不上，结果他被无罪释放。

因此一直到他开枪打伤了伯文坎普才最后被证实犯了罪。

"他一直在恐吓我们，"伯的妻子洛伊丝说，"你不知道有多可怕。我和邻居们在夜里只能轮班睡觉。在判决前，他就晚上开着车来坐在那儿，偶尔胡乱地开一枪。我们都认识他，都知道他名声不好。真是太吓人了。"

你从不会料到什么样的小事就会惹恼麦克尔罗伊。因为伯文坎普店里的一个伙计要求他的女儿放回没有付钱的糖块，他便冲伯开了枪；而照他的话说是因为伯告发他的女儿抢劫了商店。好像打伤伯还不满足，他又对前去医院看望伯的牧师施发淫威，对他进行威胁。

每当麦克尔罗伊开车疯狂地驶进小镇的时候（他的妻子一般在第二辆车上，有时还跟着第三辆车），人们纷纷躲开，倒不完全是为自身的安全着想，而是怕看到他干了什么坏事，日后不得不去出庭作证。

对死去的肯·麦克尔罗伊说句公平话，确实是人们怀疑县里发生的每一个案件都与他有关。

尤其是偷窃。诺德韦县上一年发生的偷牛事件在整个密苏里州是最多的，是其他县的六倍。农场主们都意识到了这种情况，同时也意识到麦克尔罗伊口袋里的钱总是塞得满满的。他住在一个小农场，不可能赢得任何农业大奖，这么多钱从哪里来？他曾说自己是做古董生意，对此大家虽没当面问过，但也禁不住猜想：古董是从哪儿来的？

还有钱的问题。麦克尔罗伊是用现金买的几辆车，用现金支付律师费。他曾在B＆G酒馆掏出8千美金并对服务员说："如果这不够，我家里还有满满一箱子呢。"他曾从一叠钞票中抽出一张100美元的对洛伊丝·伯文坎普说，如果她能做到在街上用鞭子抽打特里纳，这100美元就是她的了。

如今麦克尔罗伊早已进了坟墓，镇上的人们静观偷牛的问题会怎样解决。

麦克尔罗伊被杀事件彻底震撼了这片乡村的土地。当地的人们不想谈论凶手可能是谁；他们一点儿也不想谈论这个"事件"，即使彼此之间也不提起。

"我们想做的就是回去干我们的老本行，专心于我们自己的生计，"洛伊丝·伯文坎普说。

8年的时间里，朱尔斯·劳一直行进在国内僻静的公路上，寻找没有人报道过的事情，用他自己独有的声音将它们讲述出来。他的个人专栏"在美国的别处"每周两次刊登他写的东西，每篇长600字。开始时他经常写750字，但发现栏目编辑总要将文章的最后一两段删掉，而他本人又想保留结尾，所以后来他就将文章缩短。

劳所做的一切并不简单，他时刻都在抢夺素材。卡尔文·瑞林为《纽约客》杂志撰写同样题材的报道。当两人碰巧同时在纽约的时候（这种机会很少），便约在午餐的时候见面交换看法：这件事太复杂，用600字写不完，所以你可以拿走，瑞林；这个题材的篇幅不适合《纽约客》上用，那么就留给你吧，朱尔斯。

"我记得有一次是在落基山脉的西麓，小镇的名字应该是叫玫瑰山，"劳回忆道，"那天我需要为栏目写一篇东西，但没有内容。后来，车开到一个加油站，我首先注意到的是一位正在打气的老人，大约六七十岁。这事看上去有点儿不平常，但又不是那么不平常。不过因为我当时什么办法也没有了，于是便过去对他说：'我正在找一个人。请问这镇上最好的人是谁？'他说：'你说的是不是那位老师，某某小姐？'我说：'就是她。那么为什么她是最好的人？'他说：'噢，每个人都认为她是镇上最好的人。'"

"我找到了她。她看上去斯文大方，教二年级的学生。学生们走出教室来到院子里，唱着'无际的天空美丽动人'，她就教他们向上指——那就是美丽的天空。孩子们唱'紫色的山峦'，唱'金色的麦浪'，边唱边用手指着，于是，展现在他们面前的，就是上帝赋予美国的所有一切。"

"随后她谈了如何教孩子以及如何使他们脱掉脚上的鞋。一位当地人出钱为她的教室铺上了地毯，因此孩子们都可以不用穿鞋。她记得小时候大家都喜欢光脚，所以现在就来满足这些孩子的愿望。"

8年的时间劳走遍每一个小镇，寻找最好的或最有趣的或最难以描述的人物，劳感到精疲力竭。"我都快发疯了，"他说。因此他辞掉了专栏的工作，休了一次长假，回来后加入到美联社，再也不用应对每周两次的专栏写作。

关于肯·麦克尔罗伊的报道是劳回来后写的第一篇报道。之前他看到过有关此次枪杀事件的简短消息，内容不多，只是事情的梗概。"本案没有目击证人这件事引起了我的好奇。怎么可能呢？于是我就到那儿去了。"

镇上的人和他谈了很多，因为——好吧，可能下面的话留给朱尔斯自己说会更好。

"我想我比现场的记者挖掘得更多。现场的记者只寻找一两件事，我不知道我要找的是什么。所以我就找人交谈，只是聊天，不管和谁，即使是像麦克尔罗伊的妻子那样有理由憎恨记者走进她生活的人。我向她询问一些其他的事情，最近过得怎样，如何应对目前的一切等等。你愿意和我谈谈这件案子吗？一般情况下他们都表示拒绝，然后我就问：'那么，为什么不愿意呢？'结果他们就会告诉我过去从没对人说过的事。并不是他们不想说，而是因为没有人追问过他们。"

"杂货店主伯文坎普和妻子也不想与我交谈，他们说：'看，这事已经结束了，我们不想再谈论了。'不过伯最后看出我不是让人害怕的人。我又回去找过他两三次，他对我说：'你应当去找某某谈谈。''你想找人谈话吗？去找某某吧。'这样我总有不小的收获。我会回来告诉他：'你说的那个人非常有意思。他告诉我麦克尔罗伊过去怎么样偷古董或别的东西，'然后我就问他能不能再给我介绍另外一个人。就这样我和他逐渐熟悉

　　　　　　　　4 倾听美国

起来，由他引导我找什么样的人去交谈。到最后，麦克尔罗伊的妻子也开口说话了。"

麦克尔罗伊的妻子确实告诉了劳她认为是凶手的那个人的名字，但劳没有在报道中提到。"我不能确定她说得对不对。不过我之所以没提，主要是因为法律方面的原因，我不敢指证一个自己不确定的人。"

劳不认为自己是个作家。他出身于书香门第，母亲文学造诣很深，与作家奥康纳过往甚密。少年时劳就阅读南方作家福克纳的作品。"我暗自想：'我绝不可能写出这么好的书，但我可以在报道方面胜人一筹，因为这是可以学的。'我一直认为作家是天生的，但写报道是学来的。我就下决心要干这一行。"

他采用观察鸟的方法"以锻炼自己成为一个善于观察的人。只知道一只鸟是红翅膀远远不够，还要了解更多东西以便可以将它与其他鸟进行区别"。

当他去报道一件事情的时候，他就将全部精力投入进去。"在每一篇报道中，不管篇幅有多长我都要讲清一些东西。我总感觉应该向读者交待清楚我在什么地方，或我在和谁交谈。"他还认为有责任向读者讲述隐藏在故事背后的故事，因此他就在采访时紧追不放。当然了，是有分寸的。

他记得有一次长途跋涉到俄勒冈去采访一位为《观鸟者文摘》撰稿的妇女。当问到她如何成为了一名观鸟者时，她避开了这个问题，但劳却紧追不舍。

"我爸爸、妈妈都是观鸟者。"

劳对这个回答仍不满意。

"在我六岁的时候，爸爸送了我一个双筒望远镜。"

最后劳问："你为什么能坚持下来？你才六岁，可以去跑，去爬树，去玩玩具等等，可为什么能坚持不断地观鸟呢？"

"因为他们告诉我，我会失明。"

原来是这样。

"我因为眼睛有问题，之前从没见到过红毛边的红眼雀。"

为什么你想看到那种鸟？

"因为我从来没有看到过。我想继续活下去，在眼睛瞎掉之前看到那种鸟。所以我一直坚持不懈地寻找，一直没看到。直到最后，终于发现了一只。我的眼睛也没有瞎掉。"

采访过后，劳完成了一篇报道。

在美联社工作39年后，劳退了职。如今新闻业的众多变化很令他欣喜，比如手提电脑的使用。多少年里，他都是在遥远的地方通过不稳定的电话线将要报道的内容传送给办公室里的助手，当时如果有电脑可就帮大忙了。

对总想出名的记者，劳有些看不上眼。"我的名字曾出现在60多万张报纸上，但我真的很珍惜我的匿名。许多人读到过我的名字，我也收到过无数圣诞贺卡一类的东西，但我仍然可以完全不被人所知地走进小镇里。"他没有回去工作的打算。但如果回去，他知道有一篇报道他可以写——这篇报道他一直保存在裤兜里，以防手头实在没有东西可写的时候用。

"从纽约到落基山脉的每一个小镇，不管大小，都有一个咖啡店，早晨大家都到那里去喝咖啡。镇上的人三五成群地在那里会面。四周一片宁静，只有偶尔发出的咖啡杯与银器的碰撞声和翻阅报纸的声音。坐在那儿，每个人使自己的生活变得井然有序，紊乱的思绪得到梳理，为一天的生活做好准备……"

"但我从来没把这个写出来，因为我知道任何时候想写都可以。"

⑤ 细节是金

ABOUT WRITING

记者应把自己想象为电视纪录片的制作人。试想，摄像镜头全景拍摄了异国情调的豪华住宅后，又定格在一间茅草屋上。不需任何文字，制作人通过镜头所展示的一切已表达了许多。记者也可以通过对细节内容的灵巧运用，来达到同样的效果。

勒内·卡蓬认为朱尔斯是他见过的最好的记者。"他的眼睛与众不同，"卡蓬说。朱尔斯善于观察，凡是看到的东西他都描述下来。他还自有一套提问题的方法，"他得到的答案越直接，他就越要问更深入的问题。"

　　卡蓬是美联社最著名的撰稿人，他的专著《词汇》一直是有关用词的最好的指导手册之一。但如果谈到报道与撰稿哪个更重要，他会毫不犹豫地阐明自己的想法："报道是好作品的精髓。一个报道得精彩的故事，即使是用很平常的手法写出来，也要比只讲究文法与用词的东西有趣得多。遣词造句其实是没有什么作用，真正使作品生辉的是报道的内容。"

　　首先，好的报道是将焦点对准事件本身。如果你要调查一个农村小镇贫穷落后的状况，你可以从村子几百名穷人中挑选一位专访，但难的是要找到合适的人选。

　　美联社记者索尔·派特是一位普利策奖获得者。一次他去爱荷华州采访一位农场主，作为他的专题报道《美国人物》中的一个部分。一周后他宣布已经找到了那位要写的对象。卡蓬满心疑惑：全州农场主无数，派特怎么会花上一个星期的时间才找到？

派特说并不是任何一位农场主都合适。他要找的人需要表达力强、不带任何偏见且真实可信。没有一个好的采访对象，光凭借漂亮的文笔不能写出优秀的报道。

同时卡蓬还强调，"好的作品依赖于对细节内容的运用，而不是抽象的。只有记者才能提供这些细节，而编辑是无法办到的。"

细节内容是指一切有形的东西，如房屋、耕牛等等。泰德·安东尼和朱尔斯·劳的笔记本里就记满了这些东西，尽管最终只有一小部分会用在他们的文章里。

"当你作报道的时候，你其实不知道哪些细节的东西是适合用的，"卡蓬说。不过，通过积累事实和细节的内容，可以使文章写起来更容易些；如果你真正认识和了解所报道的对象，写起来就更有权威性。没有必要每一部分都要向专家或他人去求证，所报道的内容也更有可读性。

这些细节的东西使得撰稿人的调色板更加丰富。卡蓬认为，记者应把自己想象为电视纪录片的制作人。试想，摄像镜头全景拍摄了异国情调的豪华住宅后，又定格在一间茅草屋上。不需任何文字，制作人通过镜头所展示的一切已表达了许多。记者也可以通过对细节内容的灵巧运用，来达到同样的效果。

前提条件是，他的笔记本里必须记录了这些内容。

⑥ 人物特写

PROFILES

年轻的记者会在文章中引用许多原话，大多是用来充当补白。但是等成熟以后做真正意义上的报道的时候，你会发现只有真正精彩的引语才有用。否则的话，通常可以用其他更好的方式表达。

　　奥尼尔在采访过程中从不动笔。她喜欢让自己沉浸在某件事情中，然后从另一端走出来认真思考后再动笔写。

伊娃的礼物

美联社记者海伦·奥尼尔

伊诺斯堡福尔斯，佛蒙特州（美联社） 如果伊娃·萨格思能做到的话，她要把整个世界都涂成紫色。住的房子是紫色的，枕的枕头是紫色的，开的车也是紫色的。偶尔，她也会允许别的颜色进入到她的世界里，但那些颜色必须是明亮的，真正的明亮，就像点缀着佛蒙特州乡村的樱桃色的谷仓，在蔚蓝的天空和延绵不尽的绿色山脉映衬下美丽无比。

伊娃轻声笑了。她知道自己最可能拥有的只是一件紫色的长裙，但一位老妇人还是可以有梦想的。

如今她可以看见东西了。

伊娃因患有一种罕见的遗传性角膜疾病，从一生下来就双目失明。她的祖父将这种病传给她，而她又依次传给了她的第二代、第三代、第四代。一年前她收到了生命中一件最

6 人物特写

伟大的礼物——为她恢复视力的一次手术。

近80年的时间里，伊娃一直是在一个没有颜色的世界里摸索。如今她可以不用扶墙，在养老院灰黄色的走廊里自由穿行；可以身穿一件蓝色和金色相间的长裙洋洋自得地旋转；可以兴奋地看着猫咪听到叫它的名字后懒洋洋地冲她转过身来；可以不时地向镜中偷瞄上几眼，整理一下自己的头发。

"我的视力是上帝赐给的礼物，"伊娃掩饰不住内心的喜悦。

上帝的礼物已经实现了她最为珍视的梦想——临死之前看一眼父母的照片，也使她能够注视到两岁的雷内美丽的深褐色的双眼。雷内四个月大时她也接受了和曾祖母一样的手术。

与伊娃的礼物相伴而来的还有一系列的责任、疑问与忧虑。既然她不再依赖于那根红白色的手杖，她对自己的期待也多了。

她的视力还远没有达到正常，按通常的标准来讲，她依然近乎于失明。但伊娃认为这种看法不免荒唐，毕竟她已经能自豪地大声读出视力测试表上那个最大的字母，或认清一辆车的颜色。

伊娃知道，失明使她远离的不只是光线，还使她失去了判断的能力，譬如该穿什么样的衣服或在墙上的什么位置悬挂照片等，使她失去了接受教育的机会。

她担心会摔倒，担心会失掉这件礼物并突然间被抛回到黑暗中去，而最为担心的是自己在这个眩目的世界上的位置。

★　　★　　★

伊娃有些紧张。她在屋子里瞎忙着，拽平身上的衣服，梳拢头发，在被光线拉长了的影子里徘徊着。最后，她深深地吸了一口气，走出屋门。

这是一个阳光明媚的下午，伊娃是平生第一次走在小镇上。她脚步缓慢，步态迟疑，目光中时常显露出惊恐与失落。"真让人兴奋，"她快乐地说着，灰蓝色的眼睛在强光的刺激下泛着泪光。

在这里，在小镇上，在她可能遇到熟人的地方，她拒绝佩戴医生给她的厚厚的黑色眼镜。她想走在这条街上，向邻里点头示意，将她的微笑与问候带向世界的每一个角落。

但每迈出一步都会给她带来困惑。

伊娃不明白商店的门外为什么悬挂这么多精心装饰的横幅。是的，看上去的确很美，不过难道不是因为会有什么事情发生吗，比如说游行或节日？店主肯定不会只为好看才这么挂。"肯定是有原因的，"她总结说。

服装店也很诱人，但屋外却有三层木板台阶。台阶对于伊娃来说是一种危险，它们在她面前旋转开来成为模糊一片

　　　　6　人物特写

的交叉线。她搞不清楚这些台阶到底有多高，之间的距离有多大。她有些想念她的拐杖了。

在一家儿童商店的橱窗里，伊娃的双眼落在一张海报上。她在临近加拿大边界的一个偏僻的农场里长大，接触到的熊都是野生的。她不懂这只长着可爱的大肚皮的肥圆的小家伙是怎样做出来的。一脸困惑不解的样子，她继续向前走。

一辆黄色赛车在红灯处带着尖锐刺耳的声音刹住，音响里的声音大得可以把地面震动。"就像个乐队，"伊娃自言自语着，向车里的两名年轻人投去灿烂的微笑。他们的目光向她这边扫来，带着厌烦与倨傲。伊娃感到一阵震颤——她还不习惯陌生人脸上的变换的表情。

★　　★　　★

年轻人加大油门把车开走了，几分钟后又返了回来。伊娃又向他们投去微笑。

伊娃生长在尚普兰湖上一个名叫艾尔拉莫特的小岛上，岛上布满庄稼地与苹果园，那种美丽是年少的她只能通过感觉去体会的。

伊娃不需要用眼睛看就能找到自家那间褐色的农舍，在那里父母养育了他们14个孩子。岸边的气息、树叶沙沙作响的声音以及对道路的感觉使她感受到自己回家了。

"真是太美妙了，"她一边说一边用双眼印证着长久以来停留在脑海中的记忆。

这是她多年来第一次回家。如今，比起亲眼所见的景色，记忆的力量显得更为强大：姐妹们戏弄她害怕奶牛的笑声，母亲手把手教她烘烤甜饼时温柔的触摸，父亲将她不能够去上学读书的消息告诉她时充满忧虑的嗓音，一切都回荡在耳边。

伊娃的家境很不好。父亲在别人的农场里干活，为别人的奶牛挤奶。她帮着干一些活，放牛、捡山莓，在兄弟姐妹都去上学时将地板擦洗干净。她在家排行第六，只有她生下来就看不见东西。

"爸爸保护着我，"伊娃说，"他不让我离开家，不许我有任何男性朋友。"

父亲死后，母亲带领全家搬到7英里外靠近加拿大边界的一个名叫奥尔堡的小镇上。某日伊娃遇到了来送木材的沃德。

伊娃说他们的结合纯粹是出于方便：她需要有人照顾自己，而沃德刚刚盖起了一所房子。他们共同生活了30年，生养了劳伦斯和莎莉两个孩子。孩子七岁时相继去了波士顿的失明儿童寄宿学校，在那以后伊娃就很少再与他们有联系。

如今，劳伦斯的女儿米歇尔·威拉德与丈夫肖恩及他们的两个女儿——四岁的丹妮尔和两岁的雷内——住在伊娃的老房子里。

米歇尔同时继承了祖母顽强的性格与失明的双眼，是她力劝伊娃在78岁高龄的时候接受了角膜移植手术。这种手术相对来讲不算复杂，也已经被采用过多年，但并没有人对伊娃说过这些，开始时她心里很害怕。是小雷内使她有了信心：如果一个婴儿的双眼可以向这个世界打开，为什么她的曾祖母就不行呢？

伊娃对雷内着了迷。她跟随着这个蹒跚学步的孩子到处走，捕捉她的每一个表情、每一个眼神。"看她有多可爱。"伊娃将小雷内搂在怀里，第一次联想到自己的孩子在这个年龄时是个什么样子。

雷内的双眼是最吸引伊娃的地方，像一对漂亮的褐色纽扣。出生后几个月，她的角膜——盖住虹膜和瞳孔的部分——开始迅速变为暗淡的灰色。全家人开始诅咒世界的不公平。医学上称这种失明为先天性角膜营养不良，医生说这种情况很罕见。

在厨房里，伊娃和米歇尔谈论着这个孩子，谈论着她将来可能会有的机遇，谈论着她们自己的眼睛以及这种影响了家里几代人的劣种基因。

米歇尔为自己的父亲——伊娃的儿子劳伦斯——拍摄了许多照片。照片上的他强壮，英俊，双眼扭曲，面带羞怯的笑容。伊娃悲伤地凝视着这些照片。看到自己孩子的模样，她内心不觉产生一种犯罪感。

"祖母，爸爸生前也有过快乐的时光，"米歇尔劝慰道。

伊娃摇摇头。她担忧自己没有尽好一个母亲的责任，担忧这就是为什么莎莉会不到40岁就去世了，而劳伦斯在43岁时以自杀的方式了断了自己的生命。

劳伦斯是在复明手术后7年自杀的。全家人一直在想，他选择死亡是否是因为无法应对生活中的一切。有些人就是因为突然复明后备感无助，最终做出如此选择的。

伊娃对于一些不愿谈起的生活细节已记不清楚了。70年代早期她离开沃德后，在北卡罗来纳一个盲人疗养院生活了20多年，在那里她学会了盲文、打字和编织，并与在此居住的盲人弗雷德里克·苏格思结婚，婚礼后不久他就患癌症去世了。

1995年伊娃的姐妹们为她支付了返回佛蒙特州的车票。两年后米歇尔开始带她去见威廉姆·艾克那医生。

★　　★　　★

护士们与伊娃开玩笑，讲述在为她除去眼上的绷带时她如何将"深情的目光"投向了艾克纳医生。事实上，她只记得当时感到一阵强烈光线的刺激，比她想象中的还要明亮。

"日光"，她心中暗想，"那么这就是它的样子了。"

强烈的光线逐渐变弱，东西的形状显现出来，展现在面前的是一个比她想象中更为凌乱的世界。两只眼睛的手术时间相隔六个月，一只在1997年7月，另一只在1998年1月，每次手术持续约一个小时。在手术中，艾克纳医生把眼中的坏角膜除去，植入从角膜库中取出的新角膜。他描述这就好比是换玻璃窗，把已经变黑的拿掉，重新安上明亮的。

　　手术后伊娃在医院中过了一夜，然后就被送回到了疗养院。独自在房间里，各种的情感与色彩在脑海中不停地涌现。我不再是个残废人了，她对自己说，我也可以像正常人一样看到东西了。

　　可是什么是正常？这就是其他人所说的世界，各种的门、窗、色彩与车辆交杂在一起的混乱局面？伊娃手中没有任何的指导手册，也没有人给她任何的建议。

　　但是伊娃清楚地知道应该怎样做。她跪在床头的十字架前真心地祈祷了一番，然后取出父母的照片，凝视了很久，很久。父亲看上去比她想象中要消瘦，而母亲却要健壮一些。

　　自己的影像是所有形象当中最具诱惑力的。她手拿一面镜子，仔细地审视自己的面孔，拢一拢柔软的棕色卷发，纤细的手指划过微笑的嘴唇，轻柔地抚摸一下面颊。她很喜欢自己的模样，只是皱纹多了些。"手术前我的皮肤比现在要光滑，"她说。

伊娃对恢复视力后的生活能应对得如此坦然，连艾克纳医生都感惊奇。检察显示她原来是完全的失明，不能辨别光明与黑暗，而现在如果字母足够大她就能辨认出来。

伊娃说因为原来学过盲文，所以现在要掌握字母并不难。判断距离感是比较困难的。她不明白前方与后方的意思，还曾被自己在阳光下不断改变的身影吓得不轻。

从自己房间的窗户望出去，伊娃可以看到对面的一条河和一个农场，但她搞不清楚自己离它们有多远。她可以看到田野里的奶牛，却数不清楚是100头还是500头。

伊娃清楚这些可能是她永远也不会搞明白的事情，但她表示不会放在心上。"我只去看我能看到的一切，对已经失去的东西不再关心。"

她整日坐在自己的房间里，凝视着那条河和自己的照片，报时钟会提醒她什么时候吃午餐，什么时候玩牌，什么时候该做弥撒。

伊娃渴望得到一本字足够大的《圣经》；渴望去好莱坞，一睹明星们的风采，尤其是那位最迷人的多莉·帕顿；渴望见到一只小老鼠的模样。已经看到了这个世界的一部分，她说可以欣慰地合上眼去死了。她做好了到天堂去见父母的准备。

"你怎么知道有天堂？"坐在养老院的凳子上谈论上帝

的礼物时，一位老人这样问伊娃。"你看不到天堂。你看不到上帝。"

"但是我能看到上帝创造的一切，"伊娃答道。

她打了一声响指，向院里的宠物狗屈下身子。这是一条比利时牧羊狗。"来，美人儿，"她冲它喊着，"到这儿来，美人儿。"

那只又老又瘸还有点儿瞎的叫"美人儿"的狗拖着步子挪到她身边，用鼻子蹭她的手。

米歇尔·威拉德不明白怎么会有人想报道她的祖母。对于她来说，伊娃是一个自私、惹人怨恨的老妇人，她没有能力应对生活，不珍惜她所得到的那份珍贵的礼物——视力。

但是海伦·奥尼尔却打定了主意。她深信，对于一个先天失明、突然间又得到了视力的80岁老人来说，她的身上一定蕴藏着一个伟大的故事。尽管她知道伊娃不会是一个健谈的对象，她几乎没怎么受过教育，尽管当她第一次给伊娃打电话时，这位老人只是一味地抱怨自己的孤独与无助，但奥尼尔还是对此事坚定不移。

"我记得打电话时心里就想：'噢，上帝啊'。我知道其他记者一定也这么想过，因为曾有其他人给她打过电话，但最终都没有做成报道，因为她的语言表达能力实在是太差了。可是要知道，所有的一切就摆在那儿，她对周围的世界有那么多的想法。"奥尼尔说，挑战就在于要找到一个合适的方式，使她将自己的思想倾泻出来。

奥尼尔是在一次婚礼上和朋友聊天时听说伊娃的事情的。她们谈到了这位老人和她新恢复的视力。"我只是一个爱闲谈的人，"奥尼尔说，"我不是有意识地做什么事，不过每当有人说到什么，我就会想：'这是一个不错的报道题材。'"

不过当她想到伊娃的事情后，便意识到自己有关失明及视力的知识太少，不能够对伊娃这种有着独特经历的对象进行有针对性的采访。

她联系了几家盲人机构，试图找到其他突然间恢复了视力的人；她阅读了多本有关失明的书，并在网络上查询相关资料。

调查过程中奥尼尔结识了在美国盲人协会任职的梅勒妮·布鲁森。布鲁森终生失明，嫁给了一人靠眼睛吃饭的人———一名摄影师。她们在一起进行了长谈。摄影师试图向她讲解颜色、空间、透视等概念，但无论布鲁森如何努力，她始终不能真正搞明白。"她需要先用身体去'感觉'某种东西，然后才能形成概念，"奥尼尔说。

布鲁森的名字没有在奥尼尔的报道中出现，但她为这次报道的成型奠定了基础。如果没有从这位失明妇女身上得到的启迪，奥尼尔就做不到将自己设身处地摆在伊娃的位置上，去体会一个突然间产生了第五种感觉的女人的感受。

这一点尤为重要：奥尼尔如此紧密地靠近她的报道对象，以至于能看清他们皮肤上的毛孔。一名年轻的女科学家因手指触摸了一滴水银后惊恐而死；一名妇女曾准确无误地指证出强奸了自己的罪犯，可数年后DNA检测却证实她的说法是错误的；一位政治家高位截瘫，脑袋是放置在一个毫无用处的躯干上……奥尼尔是怀着深深的同情与理解来写这些人物的，每次的报道过程都煞费苦心。

到达佛蒙特州时，奥尼尔看到伊娃正坐在养老院简陋的房间里，目光不时地扫向她父母的一张照片及窗外远处的一片田野。

"对我触动最深的是她的孤独，"奥尼尔说，"那么真实又那么纯粹。毫无疑问，她所得到的珍贵礼物并没有帮她解决最大的问题，她仍像从前那样不快乐。她的视力并没有好得让她可以单独走出去，再者说，她也无处可去。小镇离此地太远，她也没有钱可用。她不停地说生命中再也没有什么可牵挂的，只想尽快死去。"

奥尼尔陪伴了伊娃好几天，带她出去吃午饭，陪她在镇上闲逛，观察她对人的表情、商店的橱窗、路边的台阶等事物的反应。她从伊娃脸上看到了喜悦，但也看到了恐慌：她对未知的一切感到害怕，念念不忘早已习惯了的黑暗世界。

奥尼尔带着伊娃回了趟那座她曾居住过的小岛，开车大约一个小时的时间。奥尼尔发现，从来没有见到过家是什么模样的伊娃竟能准确无误地找到回家的路。可是到家后，她只是紧张地笑着，要求回到养老院去。

慢慢地，伊娃的谈话多起来。她喜欢上了和奥尼尔一同采访的摄影师托尼·塔伯特。"他把她当做有史以来采访过的最重要的人物，"奥尼尔回忆道，"他使她感觉自己像个明星，她很高兴。这样她也就对我更无话不谈。"

塔伯特这样说："有时我能作为记者与被采访者之间的一座桥梁，有时我可以帮助记者从一个不同的角度观察对方。"

奥尼尔去见了伊娃的孙女米歇尔，更多地了解伊娃的生活，她女儿的死以及儿子的自杀。伊娃多年前就与她的丈夫住在这所房子里。第二天她开车带伊娃去了米歇尔的家，在那里伊娃更多地谈了一些她生活中的不幸遭遇。

奥尼尔并不会在采访前准备一大堆的问题。"有时我会事先写好几个采访中要问的重点问题，尤其是比较敏感的话题，但内容很少，只在本上草草地记几笔，"她说，"除此之外，就任其发展。我其实是在和对方谈话，而不是在采访。"

奥尼尔努力控制谈话的时间。"我想人一般只能交谈有限的一段时间，因为太耗精力。因此我想如果是出去吃饭或去什么地方或干点儿什么，可能会有所帮助。但我喜欢在对方的家里开始或结束谈话，因为我喜欢看到他们在家里的样子，而且这样的谈话也会使你对自己有所展示，尤其是当谈论到生活中熟悉的话题时，因此你必须准备好将自己生活中的一些事情讲出来给对方听。"

奥尼尔并不期望提出的每个问题都得到解答。"这次谈话过程中我就问了一个非常私人的问题，伊娃说：'我不想回答。我拒绝谈论这件事。'事实上她曾两次对我说这样的话。我认为可以用处理其他事情的方法来解决这个问题，跟着自己的直觉走。该道歉的时候要道歉，但同时也要问一些深入的私人问题。这就是处理好这类问题的另一种途径。你的笔记本里记录着要问的问题，你没有问，因为担心会使对方感到不安。因此只得想办法问出来。"

每天和伊娃分手后，奥尼尔就要做一些记录，"不会太长，大多只是脑子里的一些想法，与报道的内容无关，而是我观察到的一些事情。只是一些小事，以便我能记住，以便日后我能将自己再带回到那个场景中去。有时我会让谈话者录一段话下来，不是录制采访的全过程，因为我想记住他们的声音。如果他们说点儿什么，即使是读一段文字，留下来的声音就会使我想起当时和他们一起坐在屋子里的情景。"

她并不忙着记录受访者说的每一句话。事实上，她在报道文章里很少引用原话。"年轻的记者会在文章中引用许多原话，大多是用来充当补白。但是等成熟后做真正意义上的报道的时候，你会发现只有真正精彩的引语才有用。否则的话，通常可以用其他更好的方式来表达。"填满她的笔记本的，是众多细节内容的描述——某人的衣服的颜色，他端坐的姿态等等，尽管她知道最终被用在文章里的也没有多少。在采访当中她经常会因为专心识别对方的眼睛到底是淡褐色还是棕色而把问题与答案弄混。

奥尼尔在采访过程中从不动笔。"我喜欢让自己沉浸在某件事情中，然后从另一端走出来认真思考后再动笔写。"不过有时她会草草地记下开车时脑袋里闪现出的一个词甚至一段话。伊娃的故事的结尾部分显然是她离开养老院几分钟前看到的老人与狗在一起的情景。"那一幕真是太清晰了，"她说。

奥尼尔知道，和大多数记者相比，她有更充裕的时间去采访，去思考，去写作，但她感觉不到其他更为合适的报道方式。在每一篇报道上费尽心机是她的风格。她经常会和采访对象产生心灵深处的碰撞，因此她非常在意他们应以一种什么样的形象出现在自己的报道中，以及自己是否真正发掘出了他们内心深处的苦与乐。"我想如果换你来做我这种人物特写，你就必须做到感情全部投入。所写的东西必须真诚与坦率，否则读者会感觉到的，"她说。在报道那位死于汞中毒的女科学家的过程中，死者的丈夫给奥尼尔打来电话，担心不知这件事会以怎样的方式报道。为使他放心，奥尼尔又专程去了趟新罕布什尔州安慰他。

一次，奥尼尔报道一个不幸的家庭千辛万苦寻找自己的儿子，最后得知他在一个荒凉的峡谷中坠落而死。奥尼尔陪伴年轻人的父亲长途跋涉到了出事地点。父亲想在儿子头部撞到的那块石头上立一个十字架，但到现场后才发现，儿子是撞死在一颗黄松树上。

"他非常失落，不停地抽泣着，不知如何是好，"奥尼尔回忆道，"我就对他说：'那为什么不在这颗树上刻一个十字架呢？'"

他照样做了。事后奥尼尔思考了很长一段时间：自己是不是做过了头？最终她认为没有："在那一刻我只想这是唯一可以向他表达同情的做法。"

在撰写伊娃的故事的过程中，奥尼尔没有经历太多的磨难。她在佛蒙特州待了几天，然后花了一个星期的时间完成稿件，一稿基本上就清了。文章发表后，她和伊娃都接到无数全国各地打来的电话。在报道中她提到了伊娃非常简单的心愿——得到一本大字号的《圣经》和紫色的床单。如今养老院收到的《圣经》和床单多得只好捐献给当地的慈善机构。

然而最好的回应还是来自于伊娃的孙女米歇尔。

"你的文章为我的祖母描绘了一张美丽的画像，"米歇尔在给奥尼尔的信中写道，"我不得不承认，你与她共处的时间比我这一生都要多。许多东西我都很陌生。今天我把这篇文章读了三遍，现在才发觉我对祖母的了解少得可怜。一生与这个世界相隔离，生活对她来说一定很艰难……多年来我一直在听说关于她的故事——一个悲苦、怀恨、爱惹事生非的女人。我相信这些说法有一定程度的真实性的同时，也相信祖母一定认为她的一生都是在被这个世界欺骗的过程中度过的。"

奥尼尔花费精力深入了解伊娃的生活，写出的东西使得米歇尔开始欣赏自己的祖母，并打算以后经常去看望她，接纳她到自己的生活中来。

"我想这才是伊娃渴望得到的一切，"奥尼尔说。

6 人物特写

即兴采访的艺术

THE ART OF THE

SIT-DOWN INTERVIEW

采访前的调查研究只是工作的一半，另一半是心理上的准备。

和艺术家交谈时应有两点记在心里：首先，他和其他人没有什么两样；其次，他们和其他任何人都不同。他们也是人，也有缺陷，也有矛盾的时候。如果你把他们当偶像看待，采访就不好进行下去。你做得越轻松，他们也就越放松。

简·方达开口了，而且无话不谈

美联社记者希勒尔·依塔利

纽约（美联社） 采访安排看上去没什么吸引人的地方：不谈表演问题，不谈私人问题，不要提越南战争的话题。[1]今天，简·方达的日程表上只有一项内容。

"你知道，简只谈健身的事，"在通往方达的宾馆房间的电梯里，她手下的一位录像带发行代表笑着说，"不过如果她感觉放松，也会谈些其他的事。你可以让她谈谈泰德[2]或钓鱼什么的。"

脑袋里闪现着泰德·特纳清洗一条漂亮的鲑鱼的样子，电梯带我们到了第36层。方达在门口热情地迎接我们，

---

1. 简·方达曾于1972年神秘出访越南，反对美国的侵略战争。
2. 泰德（Ted Turner）：美国有线电视新闻网（简称CNN）的创始人，爱好养鱼。简·方达是他的第三任妻子，两人于1991年结婚。

——握手后抱歉地说需要先结束另外一个采访。她看上去很忙——接近中午的时候还要帮儿子搬家——不过一副开心的样子，也很友好。

几分钟后，方达便坐进了一把小扶手椅里，将双腿架在一个玻璃的咖啡桌上。她身穿一件黑色带扣的短外套，一条灰色长裤，金棕色的头发垂落在肩头，手指又细又长，光着双脚，脚趾涂满红色指甲油。

简·方达时年55岁，但自从她1982年掀起健身的热潮至今，其录像带的销售总数已达到1,000万的惊人数字，外加总销售已超过200万的八盘录音带和一本关于健身的畅销书。

新的产品在不断出台，今年秋季又有三盘新的录像带——《简·方达孕妇健身操》、《简·方达健身起步》、《简·方达最佳脂肪燃烧法》将走向市场，这是在以前四盘的基础之上改编而成的。

"许多是与我想打开局面的需要分不开的，"方达谈到她健身背后的动机时说，"我试图像许多女人那样，忘掉自我……我发现自己完全沉浸在那个地方，努力使每个人得到快乐。健身帮助我明确了自己的位置。"

话题很自然地过渡到了表演。用方达的话说，表演使她丧失了自己。工作的紧张使她在每部片子开拍前就感到"轻微的身心交瘁"，这也许是她最终放弃表演的原因。

"就像你还没有真正地进入角色，却已经完全地丢失了自己，"在谈到开拍前几个星期的感受时她说。"非常可怕，绝对的恐怖。我很憎恨自己。等镜头全部拍完，伴随而来的就是可怜的悲伤与忧郁，一种可怕的压抑感。我想许多演员都会有我这种感受。你为其他人活着，被夹在中间，不知道自己是谁。在遇到泰德前我已经决定不再从事表演，我一直就有放弃的念头。"

长久以来，她一门心思扑在健身事业上。她描述如何花费几个月的时间制定方案，准备音乐、布景及健身操的内容，使人不由得想起一部故事片的拍摄过程。

制作录像带对于方达是一个学习的过程。她的第一盘带子教授的内容太过剧烈，因有可能给人体带来危害而受到指责。今年初，她在接受《家庭》杂志的采访时坦白，曾有一度她健身上了瘾，每天要花四个小时在上面。

"我是个自我强迫的人，"她说，"而且好长一段时间饮食都不好。健身帮助我恢复了正常，但也不是全部靠它。我不得不教会自己保持锻炼的平衡与适度，这一点不是一开始就认识到的。"

方达承认，20年前她从未想到自己会过现在这样的生活：从事健身，放弃表演，成为一名富商的爱妻。而更有可能的是要么一直从事影视表演，要么去从政。年轻的健身迷

7 即兴采访的艺术

们真的难以想象，这位重复喊着"锻炼腿部肌肉"，面容友善的健身教练，竟曾被政府人员拿走通讯录进行复印。

谈到目前的政治观点时她说："我并不认为自己保守。我已经变得更明智，更富有同情心，更有忍耐力。我已从痛苦的经历中认识到，生活对于每一个白人和黑人来说，都不是一件容易的事。事实是，如果你是个年轻人，关心白人与黑人之间的问题，那就没有错。如果他们不管，谁会来管？得有人站出来消除这种障碍——这就是年轻人的作用，他们具有一种纯粹的理想主义以及为自己的理想而奋斗的愿望。"

本来是打算听她谈健身的，可往事是不可抗拒的，就像在鼻子底下晃来晃去的一块巧克力蛋糕。方达表示，她所扮演的最具挑战性的角色通常与时代相关联。首先是1969年拍摄的《射马记》，当时她正热衷于越战问题；两年后拍的《克鲁特》为她带来了一项学术大奖，并使她第一次接受到了女权主义的教育。

"当时刚刚拍完《太空英雄芭芭丽娜》，一部在政治上有争议的片子，我感到内心很不安。在这种情况下接演这个引人上钩的角色，也不知道应该怎么演才能得到大家的认可，就只好这么开始了，"她回忆道。

"我花了数周的时间与应召女郎和拉客妓女们在一起，

去过了陈尸所并查看了大量的照片，而当我听到录音带里的声音后，当即哭出声来。事先完全没有准备，而是因为一颗对暴力的受害者深怀同情的心。这对我来说就好比是第一次具体的实例，使我认识到政治实际上就是拿出良心与道德，以便能够用更多的同情去对待周围的人。"

当被问到如何协调个人财富与政治理想的问题时，她说："如果你感觉挣钱不好，就看在上帝的份儿上放弃它。我非常喜欢挣钱。"

方达说，开始时她并不想制作录像带，担心会影响她的演艺生涯。但是后来她改变了主意，因为经常收到各个年龄段的女性写给她的信，感谢她给了她们自信，甚至挽救了她们的生命。

就此又引出了另外一个话题：男性就不会使用她的录像带健身吗？

"他们不这样做，"方达肯定地说。"我曾做过一个带子，比较粗糙。我打算根据高校里男生们的动作制作一盘有氧运动的带子，和各项运动有关的。"但市场调查显示男人们并无兴趣去买这种东西。

"他们觉得这样很傻，把录音打开，老婆孩子在旁边看着，"方达说，"男性一贯的做法是去体育馆。那是运动，集体性的运动。总体来说这不是我们女性的文化，健身倒更适合我们，我们毕竟只在家里。"

难道女性都是在家里吗？

"许多使用带子的女性都是和孩子一起在家里，孩子也跟她们一起做。"

难道男人就不会和孩子待在家里吗？

"我不是说他们不会待在家里，而是说他们不会在家里跟着录像带做健身。"

特纳怎么样？

"我们俩去不同的体育馆，一起骑车、徒步旅行、滑雪、散步等。我能继续搞健身活动他真是高兴坏了，因为我不用管他要钱了，"她大笑着说。

那么他会跟着带子练习吗？

"他可能会用我一个月后即将出品的那种，但目前还没有。他不做有氧健身，那不是他的事。"

她停下来笑了笑，脸上泛着红晕。

"他有时喜欢拿来看一看，他喜欢看录像带的封面。"

当依塔利决定去采访简·方达的时候，他没有时间尾随在这位大明星的身后，随她坐飞机在全国各地奔跑或往返于亚特兰大和蒙大拿的家中，没有机会与她的导演、家人或最亲密的朋友交谈。她不愿轻易暴露自己的内心深处。他有的只是一个小时的短暂采访,地点在方达的公共关系助理安排的曼哈顿的一家饭店,他们是急于推销一盘健身录像带。

在人们的想象中,记者总有足够多的时间通过各种方式了解他们的采访对象。而实际上,这种条件实在是太过奢侈了。有些杂志的记者可能会和要写的人待上几个星期的时间进行接触,但大部分记者只得满足于某一天的中午给挤出来的一点时间,而这正是某某电视台的采访和某娱乐报记者的采访之间的短暂空隙。

此类的报道可能会是些肤浅的毫无意义的东西,但也可能不是。即兴采访是有技巧的。依塔利曾采访过作家从诺曼·梅勒[1]到洛朗·德·波纳夫[2],演员从凯瑟琳·赫本、罗宾·威廉姆斯到乐队比吉斯[3]、音速青年[4]。有的还不止一次,虽然他们几乎从未记住过他。

他记得美联社的著名编辑内特·保罗威克曾对他诉苦道:"我认识许多名人,但他们不认识我。"

"如果你想成为他们的朋友,你就有麻烦了,"依塔利说。

---

1. 诺曼·梅勒(Norman Mailer):美国作家,曾获一次国家图书奖,两次普利策奖。

2. 洛朗·德·波纳夫(Laurent de Brunhoff):儿童文学作家,其作品《大象巴巴的故事》风靡法国。

3. 比吉斯(Bee Gees):爱尔兰著名摇滚三人组合乐队,活跃于六七十年代。七次获格莱美奖。

4. 音速青年(Sonic Youth):来自纽约的摇滚三人组合,乐器以吉他为主。

"至少四分之三的交谈时间还是很愉快的，真的很开心，你从那儿走出来说：'很高兴谈了这么久。'但别想从他们那里收到圣诞贺卡。如果下次因为什么事再碰到时他们还能记起你，就算你好运了。"

实际上他曾采访过方达，当时她正在拍摄一部电影。4年过去了，这位明星同样没有记住他。"我也装作从没见过她。提以前的事没什么意义，再说我们也没有多么深的私交。"

公共关系助理已经安排好了采访程序：只谈关于健身的话题，不涉及演艺或政治。后来，在通往方达的办公室的电梯上，一名助手做了一个小小的让步：依塔利可以不局限于健身录像带的话题，也可以谈一谈她的丈夫特纳、她对钓鱼的热情等等。

问题是依塔利并无兴趣写一篇关于鲑鱼或方达的最新企业发展的报道。他设想可以试着让她谈一谈有关电影的话题。如果她这样做，那就再好不过了；如果她不谈，他要么就写一篇名人短讯，要么就什么都不写。

他需要一个突破口。当他采访某演艺界人士时，通常会提到最近看过的一部他不太引人注目的作品。他记得某天很晚的时候采访丹尼·爱罗，当日他正在为自己主演的影片做推广，他在剧中扮演杰克·鲁比，他杀死了行刺约翰·肯尼迪的凶手李·哈维·奥斯瓦尔德。

"可想而知，当天他已经就相同的问题被询问了无数遍，人都变得机械了。我走进来和他握了手，说：'你好，几天前我刚在电视上看了您演的《慢慢打鼓》，'他回答说：'噢，那是我的第一部影片。'于是我问：'你认为怎么样？'他就开始滔滔不绝地谈起来。这些话我可能不会在报道中用到，但他就此开始重新活跃起来，我也就从中可以得到自己需要的东西。"

因此，与简·方达分别在咖啡桌的两侧落座后，依塔利便提起他不久前刚看过《月亮就是我们的家》，一部1936年拍摄的喜剧片，由玛格丽特·苏拉雯和简的父亲亨利·方达主演。简眼睛一亮。她自己从未看到过这部影片，并当即记下了它的名字。

"过去从来没有人以这种方式开始和她的谈话，"依塔利说。不用提及像《克鲁特》或《朱丽亚》等众人皆知的片名，他同样可显示出他对她的世界非常了解。他确信以此方式可得到比一般"枯燥、固定的回答"多得多的内容。

这一招用在简·方达身上还真灵，后来她打破了公共关系助理立下的每一条规则。

"这些助理都非常可笑。一般来说他们写下的规则都不是演员或作者本人情愿的。他们急于把产品推销出去。简·方达就是一个需要自己来保护自己的例子。"

依塔利发现，一旦你把简·方达的话题引向电影，你就很难使她停下来。这次谈话的内容大部分是关于电影的，尽管她也谈到了越南战争对她事业的影响。"原以为越战的话题是一个大禁

7 即兴采访的艺术

忌，她的助理曾规定不要涉及越战的事。是方达自己提起了这件事。"

依塔利并没有事先准备一连串的问题。和海伦·奥尼尔一样，他几乎从不这样做。"报道中引用的最精彩的原话经常是谈话当中即兴而发的。你必须事先做好充足的准备：深入挖掘对方的作品的思想，话题走到哪儿你就能跟到哪儿……一旦做到了这一点，任何采访结果都不会太糟糕。可谈的内容实在太多了。是否需要事先准备好问题完全看自己的感觉；也许我只知道要问的一两个问题，而希望在谈话过程中引出另外的一两个问题。"

他并不像有些记者那样，把最尖刻的问题留到最后再提出来。"要把它留到合适的时候提。我感觉在采访中要做到的，就是从不要将自己限定于一定的范围内，要时刻准备好应对突然的变化。如果你只是低着脑袋问问题，采访的结果可想而知。或许受访者会说些什么话而把局面打开，但如果不是这样，那么在采访快结束时就可以这样问："顺便提一句，您为什么要离开生活了40年的妻子而和女秘书走到一起呢？'"

当依塔利第一次采访方达的时候，她的侄女刚刚因毒品的问题被逮捕，他必须要就此问题提问。"一般大家会说："看，我知道这个问题你已经被问过了，但我还得提一下。'你应该成为对方的合谋者："我知道这件事很愚蠢，不过，你能和我谈一谈你对你侄女的看法吗？'一般来说，对方会很理智地和你说些什么。而且有时如果对方感觉到你体会到了他的尴尬处境，他甚至会对你更交心，就不会对这种问题感到有威胁。"

依塔利还发现，"你的话题离他们的工作越远，他们就越可能对你说假话；离工作越近，越可能是真话。助理们经常就他们的私生活问题撒谎；那些大谈如何爱自己的妻子，而一个星期后又宣布两人正在闹离婚的例子实在太多了"。

"不过这些人从不曾就他们的工作说假话。我从没碰到有人会不诚实地谈论工作的事情、对工作的感觉、工作的程序或与他的工作主题相关的内容。那是你从他们口中得到实情的时候。当你想打听他们对自己配偶的感觉时，你就要当心了，因为这时他们极有可能不会对你说实话，他们会变得更加自我防范。但是对于工作他们就非常公开，无话不谈。"

依塔利不认为受访者有什么问题。搞艺术的人通常被认为是比较难对付的。但在依塔利看来，只不过是因为他们不愿回答愚蠢的问题而已。在为报道保罗·纽曼而做准备工作时，依塔利看到了一家纽约的报纸上刊登的一篇骂他的文章："看，保罗·纽曼那家伙又来了；他不会和任何人合作。"但这家报纸同时又转载了一篇有关纽曼新闻发布会的文章："那是些最空洞、愚蠢的问题，诸如'你的眼睛真的是蓝色的吗？''你怎么保养得这么好？'等等。当然，他把所有这些问题都敷衍过去。因此，在那些记者眼中，纽曼成了不好对付的家伙。"

确实有些采访不好做，比如说采访作家菲利浦·罗思。如果你给他任何一点余地，如果问题有些不明智，他就会抓住把柄不放。不过他这样做是公平的。如果你提出了一个好问题，他就会解答，而且会给你一个满意的解答。作家奈保尔也是因其强硬的作风而闻名，据说多年前他曾把一名美联社记者搞得哭了鼻子。依塔利阅读了他所有的作品，在采访中准确地提出各种问题，不涉及无关的小事。"那次访谈就像一次商务会议……所有提出的问题他都做了精彩的回答。结束的时候他说：'好啦，还有问题吗？'我说：'真是太感谢了。'"随后他们握手告别。

因此需要再强调一遍，一切取决于问什么样的问题。

"实际上，一方面可以说他们已经被提问过所有的事情，但另一方面又可以说他们几乎什么都没被问到过。只是在非常小的范围内的一些问题被反复提出来。他们一来就是要回答这些问题，几乎是机械的了……你所要做的就是做调查。作家可能要比演员好接触些，不过只要了解他们的作品就行了，因为作品会告诉你想要问的问题。这样对于采访对象你就有了很大的优势，因为你从作品中对他们有了如此深的了解……他们不了解你，而你了解他们。你可以很快地接触到问题的本质，尤其对好的艺术家而言，因为他们实际已经通过作品展现了自己，现在只要让他们用语言表达出来就行了。"

依塔利说做采访前的调查研究只是工作的一半，"是出于对受访者的尊重。另一半就是心理上的准备。和艺术家交谈时有两点应记在心里：首先，他们和其他人没什么两样；其次，他们和其他任何人都不同。这么说的意思是指他们也是人，也有缺陷，也有矛盾的时候……如果你把他们当偶像看待，采访就不好进行下去。你做得越轻松，他们也就越放松。宽恕他们的错误，但不能忽视。同时，不可欺骗自己说他们只是普通人。所有领域内的艺术家都有一个共同的特性：野心，永无休止的野心。我这样说并非贬义。有想写一部巨作的野心是一件好事，但这也会改变与其他人相处的方式。许多人因此被推向一边。"

依塔利说，真正有名的艺术家们"过着与普通人完全不同的生活。他们不去排队，不乘地铁，时时刻刻是人们注意的焦点。他们知道自己所说所做的每一件事都会被记住，被仔细审视。我唯一有此感觉的一次是在自己的婚礼上。名人的生活就像每天都在举行婚礼。"

有这样一些记者，他们不停地刺激那些名人，直到被从饭店里赶出来，然后就把这些写出来。依塔利从不做这种报道。当他采访一名因第一次接受采访而不知如何与媒体打交道的作家时，他觉得自己生出了要保护对方的感觉。他对她说："你想用点儿时间再说一遍吗？"对简·方达倒没有这种感觉，尽管当他们深入的交谈并没有涉及钓鱼或她的录像带的话题时，她看着他说："我真的不应该谈这些事。你会帮助我的，对不对？我不想看上

　　　　　　　7 即兴采访的艺术

去太糟糕。"

他说他会尽力而为，而且他觉得这篇报道写得还算公正。

和那位年轻的作家不同，"简·方达遇到这种情况得有上百次了。她知道自己在做什么，"依塔利说。

⑧

专家还是杂家

SPECIALIZATION

OR GENERAL ASSIGNMENT

许多人在新闻这个行当找到乐趣的原因之一，就是对于任何事情他们都能不间断地谈上四分钟。关键是不论写什么，都要使自己在那一天成为这方面的专家。

对于那些对自己所写的事物非常了解的人，不论是谈论奥斯汀州议会大厦还是航天，还是美国国会，在读者心里都有一定的权威性。将专业知识加入到所描写的事物中，使报道的内容更易于理解。

几个星期的时间里，玛西亚·顿都在写关于航天飞机和国际空间站的报道。她写一名美国富商想去太空一游的梦想，写妇女在宇航事业中的作用。还去俄罗斯报道了一次航天飞机发射的情况。

在同一时间，拉里·麦什恩负责报道了对造假艺术家肖恩·考伯斯的审判，介绍了冬天的气候，采访了纽约市长，报道了一家糖厂工人的罢工。他还去了波士顿，了解逃亡的暴徒詹姆斯·博格的情况。

玛西亚是美联社和宇宙航空方面的专家，从1990年起就独家报道航天方面的消息。拉里是美联社纽约分社的一名综合报道记者。

他们在工作中都属于出类拔萃的，但他们的工作内容又有着很大的不同。玛西亚掌握一个领域内的专业知识，她的数据库里装满了这方面的信息。每天她都在追踪航天领域的最新发展，辛勤工作，以便一旦有什么情况发生，美联社就能抢先发出新闻，而且确保报道内容的完整与通俗易懂。

玛西亚曾是驻匹兹堡的综合报道记者，不过即使在忙于介绍高校体育竞赛及城市事物的过程中，她也一直发展着自己在医学报道方面的专长。"我确实有一种去接触并彻底追踪某件事情的渴望。"她说，"这样能从中得到极大的满足感。我真想成为某一领域内所谓的专家，把其中的知识透彻地写出来。"

当玛西亚开始做航天方面的独家报道时，她对这方面的情况一无所知。"那简直是太专业了，有大量的缩略词和工程方面的内容，我只得下大功夫去掌握，"因为工程师们"对连航天飞机对准什么方位都不知道的记者是很信不过的"。

玛西亚对这一领域从未感到过厌倦。"即使听起来每天都是同样的故事——又一架航天飞机上了天，它们正在返回空间站的途中，许多人员也都是些老面孔，但总有些东西是新鲜的。从来不会是一成不变的，就像国家航空和宇宙航行局喜欢说的那样：针对航天飞机的每一个新部件总会有新的问题出现，总有一个新的角度、一种新的战术可采纳，真正有趣、吸引人的是每一天，没有人可预期这一天会带来什么。"

这一点也正是做综合报道记者所吸引拉里的地方，即"每天都做一些不同的事情"。他回忆起1993年世界贸易中心爆炸案后，他和分社内的其他成员每天就此次事件的后果一篇一篇地写，"四个星期后，简直都有头撞墙的感觉了"。

拉里喜欢将事情交叉开来做，一个星期的安排如下：周五，在波士顿搜集有关逃亡暴徒博格的情况；周六，报道黑人独立倡导者哈利德·穆罕默德的葬礼；周日、周一休息；周二，在瑞克斯岛监狱中采访拥有数百万家财的大富翁艾贝·赫施菲尔德；周三和周四，在办公室写稿；周五，报道对考伯斯的审判。

拉里已经具备了某些方面的专业特长。他曾报道过有组织的犯罪，也常因其作家的触觉和幽默感而被委派一些轻松的专题。但他不能想象全职做专业报道，那会使他感到厌烦。他并不害怕被投入到一个自己一无所知的领域中去。事实上，他倒喜欢这种感觉。"如果你知道应和什么样的人去交谈，或很快找到这样的人，就不会在乎要写什么了，"他说，"关键是不论写什么，要在那一天使自己成为这方面的专家。"

如今不论是在美联社还是其他地方，从事专业报道的记者比以前更多。用美联社主席伯卡迪的话来说，专业新闻报道就是"将专业知识加入到所描述的事物中，使报道的内容更易于理解"。

这是必不可少的。试想一下安排一名综合报道记者去写一篇关于国家经济预算的报道。"你可想而知这件事有多复杂，"伯卡迪说，"光坐在那儿就能搞明白了？可怜一下得梅因的读者吧，他们想弄清楚文章中说的意思。如果派一名不懂预算和预算程序的记者去，老天，很难会搞出一篇有意义的报道出来。而如果某位记者真正了解这方面的内容，那他可真是太难得了。"

在伯卡迪看来，重要的就是要鼓励专业记者在写出的东西中运用他们所掌握的知识，不要轻易改变观点。"我喜欢用的词就是'带着权威说话'……就是说对自己所写的事物非常了解的人，不论是谈论奥斯汀州议会大厦，还是航天方面的知识，还是美国国会，在读者的心里都有一定的权威性。这一点要保证在报道中体现出来。"

同时伯卡迪也认识到对综合报道记者的需求是永远存在的。他说，无论是现在还是将来，理想的情况是文学艺术的教育背景与某一领域的专业知识集于一身的记者人选。

"大家都知道，干记者这一行最大的特点之一就是你每天来上班，但却不真正清楚会去干什么。你可能会被派去采访一名诗人，可能会被派到一个犯罪现场，可能会被派去报道一家银行的绑架人质的现场或财政官员所做的为何减税势在必行的报告。我不能确定只有受过专业教育的人才可以自由地应对这诸多情况。这不是想象出来的。我想之所以有人在新闻这一行当中找到了乐趣，原因之一就是对于任何事情他们都能不间断地谈上四分钟。也许这真是一份难得的财富。"

⑨

法庭审判

COVERING A BEAT:

THE COURTS

律师是多伊奇最好的信息源。律师对法官很了解，如果他们和你交流，就会告诉你法官是否有意将某事件延期。

　　多伊奇已不再想做娱乐报道的事。她发现现实生活中审判室里发生的一切比任何银幕前后的故事更令人兴奋，更加迷人。那是改变人命运的一幕幕活剧。

恩尼斯·科斯比凶杀案

美联社特约记者琳达·多伊奇

加利福尼亚州，圣莫尼卡（美联社） 米凯尔·马克汉思的案件今日开庭审理。原告方通过被告在狱中写的信断定他就是杀害恩尼斯·科斯比的凶手，并指出被告自己承认这起枪杀是因抢劫而引发的。

在开庭陈述中，地方代理律师安妮·英戈尔斯重新为陪审员们描述了科斯比被枪杀的路边现场，并在审判室里当着死者的家人及朋友的面，出示了年轻的死者躺在车旁血泊中的照片。

被告律师亨利·豪说，这事件对双方的家庭来说无疑是一场悲剧，但同时他坚持认为警察抓错了人，马克汉思是无辜的。"我们会搞清楚凶手是谁，但并不是他，"豪说。

英戈尔斯引证说马克汉思在信中承认自己实施枪杀时使

用了一个其种族特有的词，但豪认为所谓的种族用词不应包括在本案之中。"本案与种族、国籍等因素无关，"他说，"这是关于我的当事人马克汉思是否是枪杀恩尼斯·科斯比的杀手的案件。这个案件是个巧合，也充满神秘色彩。"

比尔·科斯比唯一的儿子，27岁的哥伦比亚大学毕业生恩尼斯于1997年1月16日遭枪杀，当时他正在一条昏暗的路上更换漏气的车胎。差不多两个月后，19岁的乌克兰移民马克汉思被抓获。据说他是一秘密团伙的成员，并有犯罪前科。

原告出示了一封断定是马克汉思写的信，信中说计划抢劫一名住在贝尔·艾尔洛杉矶富人区的毒品贩子，不过目标当时不在家。信中还包括被告后来的供述："事件发生在贝尔·艾尔，是因抢劫而导致的。"信中总结说："我去抢劫一名毒品贩子，并因此而发现了别的目标。"信的结尾画了一张笑脸，并签名为"小东西"。

英戈尔斯的第一个证人、警察局侦探约翰·加西亚出庭，他向陪审员们出示了一些放大了的信件，据说是马克汉思在看押中写给墨西哥一家监狱里的同伙的。信中用了许多西班牙语，并反复称收信人为"我亲密的朋友们"。

开庭审理较为迅速。一周前陪审团的男女各六名陪审员是在不到两天的时间里确定下来的，最高法院的法官大卫·佩雷斯先生说希望陪审团能在7月10日前了结此案。

60岁的佩雷斯已是22年的老法官了。他规定不允许摄像机进入到审判室内，因为不想让此次审判成为一段"电视插曲"。"不许拍照就可以降低媒体对这个案件的关注程度"，加州大学洛杉矶分校的法学院教授彼特·阿内拉先生说，"没有可用的图片资料，杂志同样也就不会那么关注了。"

阿内拉先生认为，这件案子本身也决定了不会引起太多人的注意。"被告不是大家感兴趣的人物，唯一有点儿名气的就是死者的父亲，他也会尽最大努力不去干预审理的过程。因此这将是一次公平的审判。"

比尔·科斯比先生此次没有出庭。

上周末在洛杉矶的一次出庭中比尔·科斯比先生表示"全家人渴望赢得尊严"，在此之前他和妻子卡米拉只说他们希望一切依法裁决。

在此前的法庭审理中，英戈尔斯将这一事件描述为"团伙行为"，并称许多证人都是犯罪团伙成员和毒品贩子。被告方反驳说这些证人有在发誓后作伪证的可能性。"我们是在和一伙有动机将这次犯罪嫁祸于马克汉思身上的人打交道，而不是和清白的人，"豪辩护说。他已保证要去证实主要检举证人之一的伊莱·泽卡瑞尔更有可能是杀人凶手。

★　　★　　★

在恩尼斯·科斯比谋杀一案的审理过程中，原告一方做出了出人意料的举动：他们给陪审员们带来了被告方认为是真正凶手的人，但却没有向他提出任何的问题。

安妮·英戈尔斯让洛杉矶县行政司法长官助理将伊莱·泽卡瑞尔带进审判室。他戴着手铐，身穿连衣裤便服，这位被告律师怀疑为真正凶手的人的出庭很富有戏剧性。

泽卡瑞尔什么话也没说，他被带到离陪审团仅几英尺的地方站下，以便陪审员们能看清他的面孔。随后他就被带出了审判室。

"大家已没有更多的证人，"英戈尔斯没有事先通知就这样宣布。辩护人亨利·豪说："我显然是在最后五分钟被难倒了。"

在开庭陈述中被告对陪审员们说泽卡瑞尔是合成图中画的那名凶手，原告方则称画中的人就是正在受审的19岁乌克兰移民马克汉思。

原告方已将泽卡瑞尔及其女友萨拉列在了证人的名单中，但从没叫他们出庭作证。警察证实在科斯比被开枪打死的那天晚上，泽卡瑞尔和女友正与马克汉思同在一辆车里。

罗亚拉大学法学院院长劳里·莱文森称，原告方的这步棋出人意料。"如果他们说在尽人皆知的辛普森一案中有堆积如山的证据，那么这就是小事一桩了，"她说。

豪说他没有准备好在星期一让被告证人出庭，法官给他延期到星期三，在听证会之后。

在将泽卡瑞尔带入审判室之前，英戈尔斯传唤了一名侦探，他播放了一盘马克汉思与朋友米歇尔·张的录音带。在此中张与警察合作，试图劝马克汉思认罪。

"他们在谈论科斯比的事"，张在录音带中说，并抱怨警察正在找自己的麻烦。

"对科斯比的事我什么都不知道，"马克汉思说，"我不明白你说的什么猥亵。科斯比与这个有什么关系？"

在录音带中，马克汉思暗示说他担心他们之间的谈话正在被偷录，并对张说："你是不是有毛病，怎么在工作地点打电话。"

张曾提到他是从工作地点打的电话，实际上他当时正坐在洛杉矶警察分局的抢劫杀人刑侦部里。

谈话结束时马克汉思建议张亲自到他家来一趟，因为他们有话要谈。

"你没有做错任何事，"马克汉思说，"你担心什么？我也没做错什么。一切都很正常。"

洛杉矶警察局的侦探米歇尔·博汉姆证实了这盘录音带的来历：3月12日马克汉姆在家已受到监视和包围。

张因拒绝出庭作证被控藐视法庭罪。据另一名叫克里斯托弗·索的证人证实，当马克汉思承认开枪打死了一名黑人后张和他见了面，并帮他寻找一支枪，但没有找到。

警察在过后的搜查中发现了一支包在编织帽里的枪。据现场警员讲，在上面发现了一根头发，DNA测定是马克汉思的。

27岁的科斯比1997年1月16日晚在一条黑暗的路边更换漏气的车胎时被开枪打死。原告指认马克汉思是墨西哥监狱黑手党犯罪团伙的成员。

索是唯一能证明马克汉思承认枪杀了一名黑人的人，并向法庭描述了几天后马克汉思如何疯狂地在离现场五英里的地方寻找那把枪。

不过索也向陪审团坦白说，有一家名叫《国家问询者》的小报曾拍出四万美元的高价要独家采访他，而且如果罪犯被定罪，还要附加给他10万美元的奖金。在这家小报悬赏找证人后，索意识到自己已卷入了这场官司，并表示从没有到警察局报过案。

警察在发现了索与小报的联系后找到了他。被告律师提示说索是一名曾被定过罪的贪污犯，他的话不可信。

莱文森院长称，本案主要的证据就是马克汉思在狱中写过的一系列承认犯罪的信件，DNA检测后被确定为属于他的头发，索的证词以及录音带。

"这是一起马克汉思对马克汉思的诉讼，"她说，"如果当初他没说那些话，没写那些信，今天可能就不会坐在审判室里了。"

★　★　★

一名据称是某一犯罪团伙成员的年轻人因于去年杀害了比尔·科斯比唯一的儿子恩尼斯而被判有罪，当时死者正在一条黑暗且偏僻的路上更换漏气的车胎。

包括死者两个姐姐在内的科斯比的几位家人在听到审判结果后禁不住相拥在一起抱头痛哭。死者的父亲比尔和妻子没有到场。

19岁的乌克兰移民米凯尔·马克汉思被证实对科斯比实施抢劫，并在抢劫中动用了手枪。

根据陪审团最终审理的结果，被告被判处终身监禁，不得假释，刑期从8月11日起正式执行。

"科斯比一家对整个审理过程非常满意，"科斯比的发言人大卫·布罗考说，"他们对最终的判定结果无任何异议。"

检察官没有判处被告死刑，但没给出具体原因。被告的年龄被认为是主要考虑的因素。

菲尔·卡普托也随死者的家人一起坐在旁听席上。恩尼斯·科斯比被杀之前几小时两人还在一起打篮球。听到被告被判"有罪"的结果后，他的眼中噙满了泪水。

被告的家人没有准时到庭聆听宣判结果；被告面无表情地站着倾听对他的审判，目光注视着陪审团。

辩护律师亨利·豪谈到被告对终身监禁的判决的反应时说："他才19岁，不难看出他对审判结果的感觉。"他觉得之所以会有如此的判决，与其说是科斯比的名人效应，不如说是媒体起了负面的作用。

度假中的27岁哥伦比亚大学毕业生科斯比1月16日被枪杀身亡，当时他正在贝尔—艾尔附近一条黑暗的路上更换漏气的车胎。约两个月后马克汉思被抓获。死者即将取得特殊教育的硕士学位。他的父亲在失去儿子后强忍悲痛说："他是我心目中的英雄。"

科斯比是在去会见新结识的朋友柯兰妮的路上遇害的。柯兰妮作证说科斯比曾给她打电话，说车胎漏气，她提出去帮忙，于是便开车找到科斯比，在他换车胎的时候用她的车头灯给他的奔驰车照明。

据原告律师讲，此时此刻不远处正有三个人将车停在一个公共电话亭旁，其中一人就是马克汉思，他曾在少年劳教所服役。

柯兰妮只记得一个年轻男子靠近时，她正坐在自己的美洲豹车里。

"突然一个男子的脸出现在我的窗口，"她回忆说，

"他说：'把车门打开，否则我就开枪了。'"她加了一把油，心想如果用车灯射向这个男子的脸，他就会吓跑的。"当我转回身去的时候发现恩尼斯不见了。于是我就喊'恩尼斯！恩尼斯！'……随后我看到那个人朝远处跑了。我低头一看，恩尼斯倒在地上。"

跑的那个人是谁，柯兰妮说不上来，她没能从警察提供的一组嫌疑犯中指认出马克汉思。

柯兰妮是原告提供的唯一的目击证人。

陪审团用了两个星期的时间听取证词，最后经过不到六个小时的讨论就采纳了原告的观点，即马克汉思的信已证明自己有罪。

"整个案情条理清楚，或至少是接近这一点，证据真实可信，"78岁的陪审员约瑟夫·伯纳特·瓦格纳先生说。

安妮·英戈尔斯出示了被告在狱中写的一系列信件及一盘电话谈话录音，在录音中马克汉思的声音听起来很狂躁，并当对方提到科斯比的名字时，显出很担忧的样子。

起诉方还提供了经DNA检测后确认属于被告的一根头发，这根头发是在那支被确定为作案工具的包裹在一顶编织帽里的手枪上发现的。

英戈尔斯曾想疏通法官将参与此案审理的陪审员的名字保密，但没有成功。她担心被告是被一名墨西哥黑手党正式吸纳的成员，陪审员们会面临遭受报复的可能。

被告律师称警察抓错了人，那些信件是伪造的，电话中的谈话实际是一名少年在胡乱地谈论毒品交易的事情。

比尔·科斯比在法庭辩论的最后一天第一次出庭旁听，星期一此案便转交给了陪审团。在此之前他一直未露面，说是想保护审理过程的庄严。

克里斯托弗·索带领警察到了发现那支枪的地方并称曾听到马克汉思对另一个人说："我打死了一名黑人。新闻里全报道了。事情闹大了。"被告律师认为陪审团不应听取一名重罪犯的话，他曾将他的所见高价卖给一家叫《国家问询者》的小报。

英戈尔斯称马克汉思在狱中写的信里基本上已承认了自己的犯罪事实。"这些信就是本案有力的证据，"英戈尔斯说，并引证了信中的一些话，如"枪杀是由抢劫引发的"。

法院外，地区律师吉尔·哥瑞斯蒂说："我们很高兴本案的审理过程体现了公正，我们也为科斯比一家感到高兴。"

直至1994年，琳达·多伊奇都在默默无闻地努力工作着。她做案件审判方面的报道，尤其是大案要案，有些是美国历史上有名的大案。虽然她的名字在世界各地的报纸上很常见，但读过她的有关曼森案、亚克隆·瓦尔迪兹号漏油案或黑人司机罗德尼·金被白人警察殴打案报道的读者，几乎无人能认得她的模样。

随后O.J.辛普森被控杀人，从此一切发生了变化。

最初挑选陪审团成员阶段，多伊奇是唯一被允许进入法庭的记者，为其他媒体提供第一手资料，全美国人也习惯了每天打开电视机观看这位记者在镜头前读她的法庭记录——从传统意义上讲，这是最不知名的记者干的差事。她因此而成为某种意义上的名人。

等审理正式开始时，多伊奇便恢复到她原有的角色，再一次成为记者席上的权威。全国各地的编辑每天都要观看她的庭审报道，以清楚地了解在洛杉矶的那个地方到底在发生着什么。

一次一位电视台的记者见到多伊奇，表示不同意她为当天的报道所写的导语。"你在为全国人安排议事日程！"那位记者大喊道。"我看着她说：'不是，我只是在报道这件事。'这就要求你必须清晰地把自己的焦点对准，不受其他意见所左右，"多伊奇说。

正如多伊奇会告诉你的，在法庭上抢先得到新闻的情况是不常见的。"每个人都坐在那儿，在同一时间关注着同一件事。不同之处只在于阐明与陈述，以及你自己如何看待。"

多伊奇出生在新泽西，60年代来到加利福尼亚。1967年她受雇于美联社洛杉矶分社，当时她想从事娱乐新闻方面的报道，因为她喜欢采访明星、评论电影作品、谈论与奥斯卡奖有关的事情。但是作为一名新闻记者，她同美联社所有新来的记者一样：周末不休息，为广播和电视提供消息。

1968年6月的一个夜晚，她到达办公室后仅五分钟，就得到了罗伯特·肯尼迪在洛杉矶的大使饭店被杀的消息。她连续工作了两天两夜。当杀害肯尼迪的凶手接受审判的时候，美联社从华盛顿和纽约调记者前去报道，她被派去当助手，帮助撰写不重要的内容。

一年后，尼克松总统要乘机来参观在圣克利门蒂的家乡，这是他第一次到此地来。接到消息后，多伊奇便赶到机场准备进行报道。这时她接到办公室打来的电话。"放弃总统的事，"她的编辑说，"这里有一个特大新闻。"原来是演员莎伦·泰特和其他四人血淋淋的尸体在的一间房子里被发现，第二天夜里又有另外两人的尸体在镇上被找到。当局抓到凶手查理斯·曼森及其行凶的家人已是三个月以后的事了。

美联社派资深案件记者亚瑟·埃弗里特前去报道这起案件，由他负责为各家早报提供消息，而正在实习期的多伊奇则负责为下午的报纸写稿。

"不过出现了一个问题，"她回忆说，"亚瑟走出来看了看当时的情景——被告人上蹿下跳地叫喊，随后被带出审判室；众人坐在审判室中观看LSD镜头回放；有人因试图将海洛因偷偷带入而遭逮捕；曼森家的女孩子们在审判室外的路边露宿，在头上刻X字母，并扬言要杀掉自己来作祭品。有人预测这起案子的审理至少需要一年的时间。过了几个星期，亚瑟（他总是一幅高贵的样子，口袋里总是装着一条手帕）找到我说：'你看，我度假的日程已经安排好了。'之后他就离开再没有露面。在剩余的十个半月里，我就独自一人承担起曼森案的全部报道任务。等这起案子结束后，我已成了一名公认的案件报道专家。"

多伊奇由此成为了案件记者队伍中的一员，不停顿地从一个大案走向另一个大案。她不再想做娱乐报道的事，"那时我已发现现实生活中审判室里发生的一切比任何银幕前后的故事更令人兴奋，更加迷人。那是改变人的命运的一幕幕活剧。"

这是一项富有挑战性的工作。她不是律师，尽管30多年来一直和案件打交道，她仍会不时地碰到自己不明白的法律条文。"律师们都爱交谈，这是根本，"她说，"而且他们大部分都喜欢谈自己的工作。如果你对有些事情感到困惑或搞不明白，或在审判中遇到了一个非常专业的法律词汇弄不懂，那么就去找位律师问一问。他们几乎总乐意抽出时间回答你的问题。"

她最爱提起的就是亚克隆·瓦尔迪兹船案，1100万加仑的石油被泄漏到阿拉斯加附近水域。寒冷的一月她从温暖和煦的南加利福尼亚被派往阿拉斯加。她的分社社长对他的上司们说：

"噢，是的，多伊奇可以去，但她没有在那儿穿的衣服。"于是他们不得不给她配备了长内衣、风雪大衣、皮靴等物品。她到达后发现"整个事情都是与海事法有关，我对此一窍不通。我心想：'到底该怎么办呢？'于是我找到一个律师，说：'你能给我讲讲海事法吗？'他说：'那是我的专长。我就是干这行的，我很高兴给你讲你想知道的一切。'"

律师是多伊奇最好的信息源。"办事员可以帮你回忆事情的来龙去脉，除此之外，他们通常不会比一名律师知道的更多。律师对法官很了解，如果他们和你交流，就会告诉你法官是否有意将某事件延期。当然他们不会告诉你任何太内部的消息，因为那样会使他们的职业受到危害。"

无论何时，她都尽可能设法结识法官们，因为审判是在他们的控制之下。"如果接触不到需要的东西，那就全完了。你必须得能够进入审判室，能查看庭审记录，能查阅与案件有关的法律文件。而这一切都是由法官来掌握的。"

如果有任何一位法官想拒记者于法庭之外，多伊奇就会随时与美联社的律师联系。"如果你想作庭审报道，就需要坚决捍卫第一修正案，你要维护自己作为一名记者到法庭旁听的权利。"

在米凯尔·马克汉思案开庭审理前，她召集记者代表去面见最高法院法官大卫·佩雷斯，仔细商讨记者可能得到的便利条件。法官同意给媒体留足够的旁听席位，并表示在考虑陪审员是否都用匿名。后者对多伊奇来说非常不利，"倒不是因为我想知道他们的名字。我不想知道；对于我的读者来说，他们也不会太关心姓名的问题。但是我想搞清楚某某陪审员的身份，譬如他到底是来自加登那的焊工还是来自贝弗利山的律师。我需要搞清楚这些人的一些具体情况。"

她称自己"对陪审团的选任达到疯狂关注的程度。没有人会相信这一点，但我就是会参与陪审团选任的整个过程。因为如果你真的想对律师正在做的一切及他们对案子的处理方式做出评价，就需要知道坐在包厢的那个人是谁。如果你对陪审团体系、其运作方式以及参与的人员等情况感兴趣，这就会变成一项社会研究"。

最终，科斯比一案的法官同意让所有未来的陪审员表决是否愿意将他们的个人情况公开。在被询问的300人中，只有一人表示不主张公开。

审理前的时间是用来做准备工作的。多伊奇解释道："每个案件审理前所做的准备工作各不相同，因为针对的人不同，案件的性质不同……但有些具体细节的事情是一致的，比如你需要和原告方及其律师交谈，要找到并弄明白有关的法律条文，如果你认识证人中的某些人，还要设法找到有关他们的材料。我不会使用审理前采访证人的办法，因为那样会不利于审理的进行……总的说来，就是要搞清楚案件的每一个细节，它发生在什么地方、什么时间等等。所有这一切都会在庭审时涉及，因此我通常会事先列一个表，有时就带上一个记满这些情况的小本子。"

多伊奇事先约见原告及被告的辩护律师，她知道在此时此地记者是不受欢迎的角色。"应该认识到的一点是，当你走进一个大案当中去的时候，没有人希望看到你，你是不受邀请的人。被告不愿将他的照片和故事登在报纸上，辩护律师更愿意悄无声息地为自己的案子辩护，原告方会认为你想妨碍罪行的判定，法官则不想被看做蠢人一个。还不只这些。你只得去赢得朋友并从一开始就对他们施加影响。"

她会去核实公文发布的时间，其中也包括庭审备忘录，因为从中可以了解案情的梗概。"经常可以从公文中发现最好的素材，"她说。

法庭审理开始的时候，她会习惯性地坐在第一排靠近通道的那个座位上。"那是我的专座。如果需要的话，我可以很快走出去，以免从人群中向外挤。"

她听取开庭陈述，因为那是"整个审判过程的方向标。也要对此有所记录，因为有时他们许诺做什么事，可结果却没履行"。

科斯比一案是个例外，没有什么惊人之处，只是一起由抢劫引起的谋杀案。"案件涉及一位名人的儿子，涉及毒品，一些人在住所窝藏毒品的证据，并使人们看到在靠近好莱坞的贝尔—艾尔富人区正在发生着什么。此案涉及毒品、金钱及所有能引发公众兴趣的东西，"她说。

一个惊人之处就是原告方传唤了一名证人，将其带入法庭，随后却没有提问任何问题。

"非常奇怪，非常紧张。我们没有料到原告会把这名男子带进来却又不让他说一句话。我们想这是名证人，却没想到是被告方怀疑为真正的凶手的人，"她说。原告方这样做是想证明证人泽卡瑞尔的模样与杀害科斯比的凶手并不符合，但是他们知道如果询问他关于谋杀一事，他就会根据第五修正案中防止自我控告的条款拒绝回答问题。如果那样的话，陪审员就有可能判定他是凶手。因此他们不向他提任何问题。

大多数日子里多伊奇的笔记本里都记得满满的。她记录下每一个细节，宁多勿少。她不用速记，只是写得很快，律师的问题和证人的回答一字不漏，只有在不得已时才有所放弃。其他记者经常会与她核实现场笔录，她还会不时地与官方的庭审复本进行核对。"我的笔记中唯一漏掉的只可能是一个冠词或一个连词，"她说。"如果是特别重要的原话，每个人都不想落下。因此我们经常互相核实记录，除非是我们交稿的时间已到或我正在口述。"

实际上，她更愿意选择口述而不是在电脑上撰写报道："口述的速度会更快。我能做到非常快地组织好自己的思路，抓住非常重要的东西或当时打动我的东西，这样就不必要奔到电脑前了。"现在配备了手机，而过去那些奔跑到收费电话机前去口述，有时还会和另一名记者争抢电话的日子早已成为不愉快的记忆了。

她口述的线索是她的详细笔录。在记录的过程中，她会用红色笔标出重要的内容。"如果我认为哪句话可以用作导语，就在上面标一个大大的红星。在走出审判室的时刻，我通常就已经知道导语该写什么了，然后要做的就是去支持这个论点。"

几年前，职业记者协会拿她开玩笑，有人制作了一盘录像，内容是指导年轻的记者们应如何像她那样做庭审记录。首先必须带两支笔到法庭上去，一枝红色，一枝黑色，还得用红笔标出重要的记录部分。只见那些年轻人举起一个大本，上面用红笔标出的字是"有罪，有罪，有罪"。

科斯比一案的审理持续了几个星期的时间，比尔·科斯比出席了最后一场法庭辩论。陪审团只商议了六个小时就裁决了，多伊奇用手机将判决结果进行了口述。

"在任何案件中，陪审团的裁决都是惊心动魄的一幕，"她说，"对于所有牵涉到案件中的人来说，证人，受害者，当然还有被告及其家人，这恐怕是他们生命中最为重要的一刻。"

她曾注意到年轻的记者们和一些老撰稿人被那一幕震惊得竟然忘了记录。"他们就大张着嘴坐在那儿。"

但琳达·多伊奇不会。她的手一刻也不会停下。

⑩ 〔专业领域报道〕

科学与医学

COVERING A BEAT:

SCIENCE AND MEDICINE

医生可称得上是非常谨慎的受访者，他们最大的担心是会在同事面前被搞得像傻瓜。你在对医生进行采访时，如果能使用他们的语言就再好不过了。

做医学报道可目睹的东西非常少，尤其是在药品开发方面。但是如果有可能，我喜欢到现场去，因为细节的内容可使你的报道更有可读性。

运用射线疗法治疗心脏病

美联社记者丹尼尔·Q.黑尼

波士顿（美联社） 心血管手术的第一个小时一切按正常的程序，即将连线、气球、钻锥及其他小机件安全地推进完全清醒的病人的心脏中，但随后就出现了不同寻常的情况。

丹尼尔·西蒙医生身边躺着颈部以下盖着消过毒的蓝色布单的患者。尽管戴着眼镜，病人也只能看到头顶上悬挂着的一架大型的X光机。屋内10名身穿及膝铅制外罩的医生、护士及技术人员正在等待着这一时刻的到来。

"马克，我们已将动脉打开了，"西蒙医生用肯定的语气告诉患者。"现在准备照射。"

X光射线已被长期应用于心脏手术中，用以将进行中的工作拍摄下来。但此处不同，医生是要用与杀死癌细胞性质相同的射线治疗有问题的心脏。

这种看上去非常极端的方法是必要的，至少是部分必要。因为其他技术在如此狭窄的空间里应用会使得这颗坏心脏变得更糟。但是这位年仅38岁的患者却是个例外，他是现代心脏病治疗失败的典型例证。

患者最初来此就诊的原因是心绞痛；即每当从事费力的事，如骑自行车，就会感觉心口疼痛。问题出在他心脏的右冠状动脉上。去年冬天，医生发现他的右冠状动脉已有三分之二被堵塞，因此心脏本身的肌肉无力承受带氧的血液。很显然，他需要做一次心血管手术。

23年来，此种治疗方法已成为医学上最常用的高价疗法之一，如今美国每年大约要进行75万次这样的手术。很常见，但并非百分之百的安全。对于患者马克来说就是这样，他不幸地成为少数失败者当中的一个。

手术后几个星期，马克的心绞痛就复发了，甚至比以前还要厉害。即使不做任何事他也会感觉到疼。被重新扩开的冠状动脉已极度地阻塞。医学上将这种情况称之为心瓣手术后的"再狭窄"，拿马克来讲，就是他心脏99%的血液已受阻。医生为他做了第二次手术，但结果一样。因此在五个月后，马克又回到医院地下二层的心脏导管插入实验室，准备接受新的治疗。

医生先将一个导管从病人的腹股沟穿到心脏。首先他们在管中装入一个小的钻石尖的圆锥形钻锥，钻锥以每分钟18万次的转数将堵塞冠状动脉的粘稠物质弄碎。接下来插入一个薄膜做的香肠状气球，片刻充气后，气球将冠状动脉微微撑宽，形成一个正常情况下宽为三毫米的通道。

有一种叫做Beta-Cath的系统，这是一种大小类似电钻的枪，利用水压将具有放射性的锂90的辐射盒通过导管送到心脏。西蒙设法使导管进入患者有问题的右冠状动脉。一名放射肿瘤学家拿起枪并按动开关，将辐射盒射入。一名技术人员在一旁倒计时："30秒，29秒，28秒……"半分钟后，辐射盒又回到枪内，整个过程宣告结束。

全世界已有6000名心脏病患者接受了这种放射疗法，其中大部分人就像马克一样是处在正规的临床试验过程中。不过，放射疗法有望在一年内成为一种常规治疗方法。Novoste集团最近向食品与药品管理局提出申请，请求合法销售它的Beta—Cath系统产品。同类产品的竞争者中还包括印第安纳波利斯市的Guidant集团及强生集团下属的Cordis公司。

射线一向被看做最为极端的疗法，心病学家甚至考虑使用它来对付再狭窄这种难以驾驭的敌手，可见他们几乎已是黔驴技穷。

在采用了一系列的治疗手段之后，对于马克来说这就成了最后一种可以尝试的方法了。大部分方法都是满怀热情地用上一两年，然后当发现不比一般的心血管手术好甚至有时更糟的时候，便被抛弃掉了。

"很久以来再狭窄一直是干涉型心血管病唯一致命的弱点，"位于匹兹堡的阿勒格尼山综合医院的大夫托尼·法拉先生说。

准确地说从一开始情况就是这样。安德利斯大夫使用他在厨房里设计的设备于1977年在瑞士做了第一次气球心血管手术，结果很快就明显地反映出被重新撑开的心脏冠状动脉通常会在手术后半年左右再次闭合。

然而，心血管手术开始流行起来是因为它能使患者在短时间内症状得到改善，并可在一天后出院，因而也就成为痛苦的冠状旁道手术的替代品。

不过这总是有些赌博的意味。在看上去较为成功的手术中，有三分之一到二分之一的患者冠状动脉又重新堵塞。在这些人中，有一半血管"再狭窄"的情况非常严重，不得不接受第二次治疗——要么重复一次原来的手术，要么做一次旁道手术。

多年来，技术人员设想出了许多聪明但最终没有疗效的办法，如用剪刀将堵塞的部分切掉，再用激光将其烧毁。钻石尖的钻锥及其他几种方法也偶尔被用到，但没有一种方法可以长时间地解决再狭窄的问题。

如今，一种叫做"stent"的东西带来了前所未有的效果。这些设计精密的不锈钢网状支架是心血管手术第一个20年中一次真正意义上的突破。

在气球将冠状动脉撑宽后，心脏病学家将折叠起来的网状支架推到一定的位置，它们在那里不停地一开一合，犹如坚硬的金属支架支撑着已被撑开的冠状动脉。此种方法可防止普通心血管手术后最常见的失败原因，即冠状动脉的弹回。因为冠状动脉壁就像胶皮管一样非常有弹性，气球撤掉后如果没有支架的支撑，它就会很容易返回到原来的状态。

研究显示金属支架的使用可将心血管手术的失败率降低40%，但许多专家对如此有效的结果表示怀疑。日常的治疗几乎不会与正规的医学研究过程中所做的实验效果同样好。因为在后一种情况下，患者相对来说更健康一些，所受的照料也更周到。不过，有超过80%的患者在接受心血管手术时使用了金属支管，尽管有关是否必要的问题还在争论不休。

1997年，纽约蒙泰弗医疗中心的大卫·布朗医生对曾在加利福尼亚做过心血管手术的四万四千多人进行了专访。结果显示，不管是否安装了金属支管，总共约20%的患者接受了第二次治疗——重复了第一次的手术或做了旁道手术。

然而，防止再狭窄并非是使金属支架得到普遍应用的惟一原因。

心血管手术后最大的危险是冠状动脉突然间全部地阻塞，这往往会发生在手术后最初的几天里。如果在手术过程中冠状动脉壁被扯松并垂下来阻挡了血流，就会发生上述危险。与普通的再狭窄不同，这是一种危及生命的现象，约3%—5%的心血管手术后会发生这种情况。这通常需要做紧急旁道手术进行修复。

金属支架则会使松弛的部分紧贴在原位，因此不会引发此种危险。"金属支架的使用几乎消除了对付心血管手术并发症的紧急旁道手术的必要，"位于伯明翰的亚拉巴马大学的拉里·丁医生说。

但是金属支架也会产生一种新的问题——另一种极为难治疗的再狭窄。金属支架会使由气球引起的创伤部位的疤痕组织加速生长，这些细胞会迅速地从金属网状支架中穿过，有时会完全地将冠状动脉堵塞。使用金属支架的患者中会有15%—20%的人出现这种情况，很难治疗。医生可以用钻锥和气球将塞住的部位打通，但冠状动脉经常会很快又被堵满。

金属支架的使用所带来的更为严重的血管再狭窄是导致医务人员潜心研究射线疗法的原因，目的就是为迅速地杀死形成疤痕组织的分裂细胞。没有这种细胞的快速生长，金属支架支撑的冠状动脉血管就会保持通畅。

首先做这种尝试的美国人是圣地亚哥斯克瑞普诊所的保罗医生，他的第一位病人恰好是一位在10个月里经受了5次失败的心血管手术的年轻医生，他恳求得到新的治疗。保罗医生告诉他用兔子和猪所做的实验证明射线疗法可以防止再生的阻塞。

"'如果用在猪身上起作用，那么对我也会有疗效，'"保罗医生记得年轻人曾这样对他说，"我们对他进行了射线照射，效果不错，没有再出现再狭窄的现象。"

那是1994年的事情，由此便启动了射线疗法的开发研究，目前这项技术已基本接近食品与药品管理局的审批标准。

技术手段也有所区别。Beta—Cath 系统利用的射线只能够穿透几毫米厚的表层进入冠状动脉，因此医生和护士可以留在室内不会受到伤害。其他系统是使用波长更长的射线，因此在使用时除病人外其他人必须离开房间。

这些不同的技术方法并没有被一一地加以比较，看上去效果大致相同，均可使再狭窄产生的比率下降30%—50%。

射线疗法是否会在马克的身上产生好的疗效还有待观察，因为阻塞金属支架的再生物的生长需要几个星期的时间。

根据目前所看到的一切，许多医生都相信射线疗法将会成为心脏病治疗中的常规手段，至少在更好的方法产生之前会是这样。

黑尼的文章有一种容易使人产生误解的品质：他选取最为复杂的医学内容，但普通读者都能看懂他的文章。有些文章是专门讲长寿知识的，他做医学报道已有十多年，对养生之道有了真正的了解。但大部分时候黑尼会尽可能使他的东西简单易懂，运用想象与一般手法相结合的手段使他的故事栩栩如生。

黑尼结束了在手术室里的采访，观察医生如何用射线照射患者的血管。不过恐怕还是让他来讲述自己的故事为好。

在关于医学的内容中，我写心脏病的比较多，因为这是威胁生命的主要病因，而且和每个人都息息相关，尽管有时它并不是将一个人带向死亡的最终原因。这方面的内容只是很有新闻价值，而且也极为有趣。它吸引着我，因为与癌症有所不同，在心脏病方面确实取得了一些真正的进步，总有一些新的东西可以谈。在我做医学报道二十几年的时间里，很多种新药都已变成了常规药，如降低胆固醇的药物。世界上的人们已经认识到了所有导致心脏病的生活习惯，如不良饮食习惯和懒惰。成吨的技术发明设施被投入使用中。这些都已成为精彩的新闻故事，而且总有机会从零散而且经常是充满矛盾的一个个病案中看到未来的前景。

我们开始时总是充满热情地对每一项新进展的本身加以报道，之后如果发现它们并不像所说的那样有效，就只得放弃了。不过这么多年来我越来越有兴趣了解所有这些新的医疗手段是如何相配在一起的。譬如几年前我曾写过一篇文章，介绍几乎所有曾被人们热情宣传过的使损伤的心脏保持活力的治疗方法都已导致充血性心脏衰竭患者的数量大幅上升。要在以前这种疗法可能导致死亡。

有好几年的时间我都在考虑做一篇关于心血管手术并发症的报道，尤其对长久以来导致此种手术失败的原因感兴趣（冠状动脉重新闭紧，医学上称之为"再狭窄"）。我听说过多种解决这个问题所用的设备，但几乎都被淘汰掉了，因为哪个都无法最终防止再狭窄。我所写的这篇报道实际就是关于这场竞赛的，所有的努力都是为征服心血管手术的这种不足，它从一开始就纠缠着整个治疗过程。

我的报道的想法来自于好几种渠道。首先是医疗会议。我每年参加到12次这样的会议，在这里最新的医学观点、争论及医疗实践的不确定性得到讨论。其次是医学期刊，第三就是发布的新闻及从公关人员处得到的广告宣传资料。

我第一次听说射线疗法治疗再狭窄是在1966年美国心脏协会于新奥尔良召开的一次会议上。此种疗法的发明者来自斯克瑞普诊所的保罗医生提供的对50名患者进行试用的结果，效果看上去不错。不过显然一切还只处于早期阶段，要想知道事情的最终结果还为时过早。同时，另一位国内知名心血管病专家斯潘赛·金医生称，他正在潜心研究一种具有竞争力的设备（即被报道中提到的Beta—Cath 系统取代的原有系统），效果"惊人"。事后我写下了一篇600字的现场报道，很快就把这件事忘掉了。

随后，在一次美国心血病学会于阿纳海姆举行的会议上，我出席了一个专为医学记者举办的发布会，主要介绍心血病各方面的最新成果。宾夕法尼亚大学的约翰·赫什菲尔德医生向我们介绍了各种不同的技术手段，但大部分以失败告终；最后他提到射线疗法："我们所说的是一种非常极端的介入法，将射线带入那些没有患癌症或其他短期内危及生命的疾病的患者体内。"

对于我来说，那次是真正对心血管手术失败的原因发生兴趣。发布会规模空前，约有3,000人出席，十几位公关人员极力地阐述着各自的想法，但大部分是些无聊的话。不过在会议快结束时，一名过去就曾对我有过一些启发的干公关的小伙子递给我一个夹子，里面装着他的一名委托人的有关资料，希望我至少能看一看。这家公司就是为心脏病患者生产射线传输装置的。

向编辑表达了这一想法后，我开始查阅有关方面的资料。我想得到更多关于在手术过程中使用射线疗法的细节内容，以及更早以前人们试图防止再狭窄的产生所做的各种努力；关于医用装置的情况，我查阅了自己曾写过的、保存在美联社档案中的介绍文章，并查看了一些与心血管手术有关的网站；一些有关射线疗法的技术性内容来自于三家生产商的网页及媒体报道；另外一个好的信息源是医学刊物上登载的文章，大部分我都是在网上找到的。

　　然而最重要的资料还是来源于对医生进行的采访。我想找到既对心血管手术及其不足非常在行、又对射线疗法所用装置有所了解的心病学专家，就是说，也许他们目前即是这种装置研究的参与者或至少是关注着这项最新发展的医学院校的医生。

　　我在Profnet网站上发了个求助的帖子，很快就得到了十几封回信。在这些人及我已掌握的专家的名字中进行挑选，我列了一个18人的名单，准备一一去采访，最终我和大多数人进行了交谈。（我一般喜欢采访很多人，虽然大部分都不会在最后的报道中提到。这是我能够对复杂的事物作出判断的唯一途径。有了这些背景资料，我感觉就能带着权威性去写作。）

　　在做每次人物访谈之前，我都会认真地查阅一些背景材料。医生可称得上是非常谨慎的受访者。他们最大的担心是会在同事面前被搞得像个傻瓜。因此，如果他们感觉出你对所说的内容非常不了解并有可能在报道中出现差错，他们就会变得坐立不安。在对医生进行采访时，如果能使用他们的语言就再好不过了。心病学家就会对诸如"梗塞"、"局部缺血"、"灌注"等词汇感到亲切，而且如果你能了解这些词并能恰当地使用它们，对方对你就会感到放心。这里唯一的问题就是可能碰到在报道中不便于使用的一些技术上模糊不清的引述。解决这个问题的唯一方法就是在采访快结束时问一些简单的问题，把不明白的内容搞明白。

我大部分都是采用电话采访。我打起字来像一台机器，而且几乎能将谈话的全部内容记录下来，有些采访记录可长达两千多字。

做医学报道可目睹的东西非常少，尤其是在药品开发方面。但是如果有可能，我喜欢到现场去，因为细节的内容可使你的报道更有可读性。因此在这次的报道中我就想，如果能真实地看到射线被传入人体的过程该会多么有趣。我了解到位于波士顿的一家医院是使用射线疗法的试点之一，于是便请求医院的公关部为我安排一次观摩。

上一次做这种事情是在一年前，当时我写了一篇特写，关于用基因疗法改变无法治愈的心脏病。我想真实地看到基因被注入人体的情景。在波士顿的圣伊丽莎白医院我亲眼目睹了这样一次手术。整个过程看上去非常独立，没有丝毫血腥气息。手术大夫熟练地将患者的胸部切开，露出心脏，将DNA注入心脏中。那种销魂夺魄的颜色为我带来关于生命的另外一种深奥的含义。那篇报道的开头我是这样写的：

"基因"，手术大夫命令道。随后他将注射器中纯DNA与生理盐水的混合物注入病人跳动着的黄红色的心脏中。詹姆斯医生向患者的胸腔内注视了片刻。刀口正好始于左侧乳头的下方，穿过厚厚的脂肪与肌肉层到达肋骨间，最后将心脏暴露出来。手术大夫把注射针旁移了一英寸，又一次将液体注入进博动的心脏中。第三次，第四次……

我希望这段导语能吸引住读者，使他们想阅读这篇令人生畏的基因疗法的故事。我感觉射线疗法也会同样有意思，尽管我并不清楚将来的导语部分是否足以激发起读者的兴趣。

去参观的那天早晨下起了雨。在医院的大厅我与美联社的摄影师会合。公关部一名年轻人带我们穿过地下二层迷宫一般的走廊到达那个房间。我过去从未见到过心血管手术，不过此类题材的报道写多了，也基本上能猜出个大概。我们换上了已消过毒的衣服，并被要求穿上沉重的铅制外罩。这恐怕是整个早晨最让我们感到吃惊的事情。所有的外罩加起来足有一吨重，穿着它站着真是疲惫。这些外罩并不是单为射线治疗过程而准备的，做所有心血管手术的医护人员都需要穿上它，因为需要用X射线拍片子。

那个房间叫做导管插入实验室，不是手术室；而整个过程也不是一次外科手术，只被认为是一个程序。房间非常狭小，医生、护士及技术人员十几个人挤在里面。心病学家叫丹尼尔·西蒙，他年轻、友善、充满自信。他早已投入工作，将需要的导管准备好。整个过程包括血管手术、清除及射线疗法三部分。偶尔，西蒙会向我介绍正在进行的内容，但大部分时候他都是集中在血管手术上，那技术看上去非常复杂。

我站在一边快速地写着，记下诸如施转清除器的转速、用来支撑冠状动脉的金属支架的大小以及患者被重新撑开的冠状动脉的宽度等内容。我还随手记下房间的颜色、发出的声响、监视器及偶尔可听到的医务人员之间零星的谈话。我收集了所有能观察到的技术性细节内容，尽管并不知道有多少最终会用到。中间我也许问过一两个问题，不过情愿一直把嘴闭着。我觉得自己能在此非常有幸，不过同时又是一名闯入者，无论如何也不想将这个过程搞乱。

等到全部结束的时候，我已经做了21页的笔录。在实验室外，西蒙坐在一台放映血管造影片（X 射线拍下的心脏冠状动脉）的机器旁，向我展示他刚才所做的一切。

说不清我到底用了多少时间来准备这篇报道，因为随后就不时地接到社里、编辑及各处的公关人员打来的电话。断断续续花了三个星期的时间。对医生的专访是最难安排的，他们总是很乐于交谈，不过因为日程都安排得非常紧，一个星期内才有可能抽出半个小时的时间接受采访。

组织素材是一件具有挑战性的事情，我一般会避免用轶事开头的写法。这种写法有些陈腐，而且通常是作者在无法对自己的报道进行概括时所采用的一种退路。不过在这篇报道中我认为轶事将我打算写出的全部内容进行了很好的压缩。文中提到的患者既是现代心病学的受益者，同时又是牺牲品。

这篇报道主要就是讲心脏血管手术长久以来的失败以及为使之更可信赖而做的一切技术上的尝试。开始动笔时，我为所有会提到的治疗装置设计了一个结构框架，包括最新的发明以及金属支架。我想大多数人都已对金属支架有所了解，但是它对于患者来说实际上是喜忧参半的。

我把几千字的人物专访记录浏览了一遍，从中挑出最具概括性的语言并把它们抄写在另外一张纸上。我还将在采访中提到的主要观点摘下来单列一页，最后再列出所有想要在报道中涉及的问题。

由于不时地受到打扰，我用了差不多一星期的时间来写作。当这篇报道最终被登在全国各地的报纸上的时候，我已经转到另外一件事上去了。

就像医生永远不会缺少病人或无病可医一样，做医学专题报道的记者也会随时了解到对人类健康的新威胁或医学上最新的发展。

⑪ 电视行业

COVERING A BEAT:

TELEVISION

有时他参加电视台的晚间活动，不是为了去报道什么，而是因为有可能会结识一名重要人物。

　　鲍德尔强调要了解自己的信息源，那需要花费一段时间。他会给电视台的熟人打电话说："喂，你好。我正在附近闲逛。我并不想让你就这件事说些什么，只是想知道到底发生了什么事，给我指指道就行。"

谁想为"百万富翁"节目做担保?

美联社电视专题记者大卫·鲍德尔

　　纽约（美联社）　为美国广播公司的主打节目"谁想成为百万富翁"提供保险的公司上诉说打算终止合同，理由是因电视台设置的问题过于简单而使该公司面临着支付过多奖金的危险。

　　美国广播公司安慰观众不必为此次法律纠纷担忧，他们不会改变原有的节目安排。

　　位于伦敦的保险商苍鹰财团已于1月24日在英国的高等法院对节目制作者布鲁那·维斯塔娱乐有限公司提起诉讼，要求终止双方的合同。

　　苍鹰公司称，实质上就是需要此节目确保提出的问题更有难度，而且挑选的参赛者更普通一些。

　　"谁想成为百万富翁"是本年度轰动一时的电视节目。

节目当晚有近3,000万的观众守在电视机旁，美国广播公司的收视率也一跃为本年度的最高。主持人里吉斯·菲尔宾的一句"这是你的最终答案吗？"已成为全国人的口头禅。

其他电视台很快地纷纷效仿"百万富翁"节目，收视效果不一。

根据双方的合同规定，苍鹰财团需向本节目获胜的参赛者支付50万美元或更多的奖金。在支付之前有150万是可扣除的部分，奖金最高限度为500万。也就是说，苍鹰财团可能只需向五名获胜者共支付奖金100万美元。

星期四到达伦敦的苍鹰财团一名发言人拒绝对此事发表看法。

"毫无疑问，节目的诚实性是无可指责的，没有人在其他方面提出疑问"，美国广播公司发言人朱丽叶·胡佛女士说，"这只是一起纠纷，提供担保的公司试图改变其与代理人的交谈中所涉及的内容。"

两名参赛者——一名来自康涅狄格州美国国税局的代理人和一名来自迈阿密的律师因正确地回答了15个问题而赢得100万美元的奖金。相反地，原英文版的此节目中还尚未有人获得如此高额的奖金。

在全部的51期节目中还出现了三名50万美元的获得者。根据美国广播公司提供的数字，本节目自开播以来发放奖金总额931.4万美元。

多项选择题在最初的几轮中常常比较简单。一名参赛者被问到哪一种调味品的名字与一种拉丁舞的名字相同，他在"芥末"、"蛋黄酱"、"作料"等选项中正确地挑选出了Salsa（即沙司，Salsa也是萨尔萨舞的意思）。

随着奖金的升高，问题的难度也会加大。第一位百万奖金的获得者在电视节目镜头中准确地认出了美国总统尼克松，第二位获奖者回答出了地球与太阳之间的距离（9,300万英里）。

争取电视台的参赛权实际上比赢得大奖还要困难。选拔时参赛选手需要成功地驾车通过一段有三层路障的地段，速度及准确性应达到标准。

在诉讼中，苍鹰财团表示"在水平的控制上需要做重大调整以降低无法接受的损失"。具体来讲，就是要求在参赛者的挑选方法及问题的难易程度上做出改变。

因自从去年12月首次提出请求后电视台一直未做任何调整，苍鹰财团称"正在面临着巨大的保险损失"。

美国广播公司发言人胡佛表示说不清这件案子的下一步会如何发展。

即使节目制作人失去这笔保险金，也不大可能会影响到美国广播公司在这个系列节目上所做的承诺。现在每周三个晚上播放这个节目，随着巨大的广告收入源源而来，美国广播公司便有了夸口的资本。事实上，美国广播公司已于星期四宣布将在2月间另外推出三期特别版本的"谁想成为一名百万富翁"。

大卫·鲍德尔的第一份工作是在康涅狄格州斯坦福德的《倡导者报》。他一直对一位女同事在电话中冲对方大声叫喊的样子记忆犹新。"别人不得不跟她打交道，因为她是镇上唯一做教育专题报道的记者，但是从来没有人想真心地和她交往。谁知道她因不能文明而友善地对待别人而失去了多少机会。待人务必要友好和有人情味。这倒并不是说我不会时时写一些使他们感到恼火的文章。这是我的工作。"

鲍德尔是一个在残酷的行当中闯荡的亲切的小伙子，不过这一点使他受益匪浅。

他过去曾做政治专题的报道，现在转到电视行业，承受着随之而来的各种的压力。努力开发信息源，掌握复杂的电信知识，打败同行内其他的对手并避免被他人打倒。不过好在他镇定，低调，而且亲切。

这并不意味着他不是一名敢作敢为的记者。事实上，"谁想成为一名百万富翁"这篇故事及其保险问题就是他从一名消息灵通人士那里连蒙带骗搞来的，而且用这种方法他设法在一位朋友兼竞争对手之前搞到了这篇报道。

鲍德尔强调要了解自己的信息源，那需要花费一段时间。"你要认识到会有段时间自己什么都不懂，失去许多报道的机会。"

他总是努力去结识重要的人物。有时他参加电视台晚间的活动，不是为了去报道什么，而是因为有可能会结识一名重要人物。他会给电视台的熟人打电话说："喂，你好。我正在附近闲逛。我并不想让你就这件事说些什么，只是想知道到底发生了什么事，给我指指道儿就行。"

然而，关于"百万富翁"一事的消息并非来源于鲍德尔的某位熟人。美联社华盛顿分社的一名记者认识一位保险业的律师，据这位律师说为"百万富翁"节目做保险的公司正打算撤销合同。

鲍德尔对此很感兴趣。"百万富翁"节目是一种电视现象，它吸引了众多的观众，改变了电视业的前景。紧随其后，各家电视台争先恐后地将更多竞赛性及反映现实的节目搬上屏幕。但是从一开始就有人抱怨说对参赛者提出的问题过于简单，保险公司对此表示了相同的看法。很显然，报纸会利用一下这个题材。

对于鲍德尔来讲，这也是一个反映其报道的多样性的实例。他回忆，说在做了10年政治专题的报道后，热情已经开始渐渐熄灭了，因为"一年又一年竟有如此多的报道内容是雷同的"。他不能想象这种事会发生在电视行业。

"电视反映的是生活本身，因而有各种各样的主题可以做。你可以把它作为一种商业来介绍，也可以介绍像'百万富翁'这样的娱乐现象。我对新闻部非常感兴趣，看他们如何报道政治及其他类似的事情。这个行业涉及的范围非常广，对大众来说意义非凡，因为许多人受到它的影响。就因为这个原因我还没有对它产生厌倦。坦率地讲，我对许多事情都感觉很厌烦。"

这与政治有许多相似之处："电视行业的许多人都非常有政治头脑，对于公众会如何看待他们非常了解。我非常奇怪地发现，尤其是在采访新闻部时，要从他们口中得到直接的答案和消息简直要比撬开政客的嘴还困难。因为他们自己也是搞新闻的，对其他媒体存有很深的戒心，而且对所有避免泄露特别消息的手段都很清楚。"

"百万富翁"的故事是与娱乐专题有关的，鲍德尔并不很了解。"我们可以说是瞎碰壁，"他说。当然，他知道可以去美国广播公司探些消息，但这不是一种明智的做法："我不想马上就去和电视台联系，因为不想这么快向他们漏出风声。"美国广播公司也许会以更有利于自己的方式处理这件事，比如说将其透露给一位他们比较信任的记者。

因隐约地感觉到这件案子可能在纽约或洛杉矶提起诉讼，鲍德尔便与美联社驻这两个城市的法庭记者联系，看能否找到有关的文字资料。这些记者都是大忙人，好几天过后才回答说什么也没有发现。

同时，鲍德尔设法找到了这家保险公司在伦敦的一位发言人。"什么忙也没有帮上。什么消息也不肯透露。"几乎在同一时刻，鲍德尔听说亨瑞也正在做相同内容的报道，顿感压力大起来。亨瑞是与他一起共过事的编辑，目前在长岛一家叫《新闻日》的报社做记者。这就意味着如果鲍德尔想抢先得到这篇报道，他就得立刻行动。

"我联系了一大堆人，简直都有点儿走投无路了，这时设法抓到了在保险信息研究所工作的一个家伙。在这篇报道中他可以说是我的救命草。他知道所有内情，但不允许他本人在报道中被提到。"

此人愿意在匿名的情况下谈这件事。就是说鲍德尔可以报道他所说的话，但不能指名道姓，甚至不能用"据一位不肯透露姓名的保险业人士所说"这样的话。鲍德尔不大愿意接受这种做法，除非他能再找到另外一个人来证实这位保险业人士所提供的消息是真实的。

不过，这仍是一位非常有用的人物。"他给我讲了这件事到底是怎么回事，给我介绍了关于保险业运作的背景情况。"这个人唯独不清楚诉讼是在哪里提起的，不过他也提到几个地方，其中包括位于伦敦的高等法院。事实上正是在此处。

可是等到鲍德尔了解到这些的时候已经是纽约时间下午4点（伦敦时间是下午9点），在这个时候要从法院方面获得任何消息是绝不可能的。"我有些坐不住了，"鲍德尔回忆说。他已经得到了写这篇报道所需要的一切，现在只需要证实诉讼已经被提起就可以了。

在这一刻鲍德尔将电话打到美国广播公司的女发言人朱丽叶·胡佛那里。"我真的是有点连蒙带唬了。我对她说：'听着，我知道发生了什么。我知道这件事的真相。'我大致地说了说我知道的东西，没有告诉她我并没有真正了解内情。我说：'你看，我正在写一篇有关这件事的报道，很快大家就都知道了。你们能帮点儿忙吗？'大约15到20分钟后他们给我回了电话，给我发来法庭的材料，并给了我一份他们对此事的评论。我因此能够把所有情况都搞定了。"

"我认为美国广播公司并不想急着把这件事透露出来，因为这对于他们最叫响的节目来讲多少有点尴尬。不过坦率地说，这件事更多的是反映出保险公司运作得不周全，而非电视台。因此我想这就是电视台最终决定走出来的部分原因。也许他们也知道《新闻日》很快就会刊出有关的报道。"

鲍德尔花了45分钟的时间写这篇稿子，中间不停地被电话打断。"这件事并不像飞机失事或其他类似的事件那样具有爆炸性，"他说，"不过当时已是下午五六点钟，正是编辑和报社人员将所有的材料汇总在一起进行最后筛选的时间。所以稿子不能出来得太慢，否则就会错过了登报的时间。"

在每一篇报道中鲍德尔都要加入足够多的背景资料。这一次，他需要向不了解情况的读者解释清楚"百万富翁"节目如何走向成功，其对电视业乃至这个国家所产生的影响是什么。"你设想公众了解的内容也许会比你想象的多，最好别有这种想法，"他说。

鲍德尔写作的速度很快，也是一位多产作者。有一段日子他每天都要写四五篇稿子。除自己负责的项目外，他还写些音乐方面的东西，主要是出于喜爱。他将这些写作与特大新闻的报道工作穿插开来。他一向喜欢在截稿日期快到时突击完成任务。在报道艾美奖和格莱美奖颁奖时他真的要忙上一阵子，不过有时他发现也很难说清其中的原因。"一篇报道得改上七八遍；对于正在发生的事情需要有更长远的把握，而且能非常快地形成文字，知道自己现在写的东西必然会成为国内所有其他同类报道的先锋。"

"百万富翁"的稿件下午6点30分被传送出去。《新闻日》在其第三版上刊登了自己的报道，当然已不能算是独家新闻。几天后鲍德尔和老朋友亨瑞聊了聊，"他当时感到很压抑。都有点儿丧失信心了"。

鲍德尔也有被对手打败的时候。有时一个知情人会为了自己的目的宁愿将消息传给另外一个新闻机构。这时鲍德尔会感到不开心，但却努力不使自己太过烦恼。"我对自己完全无力控制的东西会很放得开。"

每当他通过看报或参加活动获得了一个报道的题材却未能挖掘出一个好的角度的时候，他就会真正地感到不安了。"同样一件事别人比你写得好，或人家看到了某种东西而你没有看到，这简直会让我发疯的。这真的会使我非常不安。"

还有另外一些不怎么令人愉快的时刻，就是每当他所报道的人物或机构向他发出抱怨的时候。"他们打电话来，经常是冲你大喊大叫。我从来不会想法避开这些电话。如果接到，我就和他们应对，让他们把话说够。我会解释自己的观点——为什么写，写了什么等等。我从不避开这些交谈，从不想办法躲掉，因为我认为需要这样做。这并不意味着我让步了。如果我做错了什么，我会承认并努力改正。但是如果我做的是对的，而他们只不过是反对而已，那我就会说：'好吧，我们只好持不同意见了。'使我恼火的是电视台的有些人会把公事当做私事看，他们会认为你是想把他个人或电视台搞垮等等。我只得向他们解释说我不是这个意思，有时我不得不写一些使他们公司的形象不那么光彩的事情，只是因为那是新闻。"

尽管如此，鲍德尔还是宁愿做独家专题报道而非综合新闻。"我真的喜欢搞独家新闻，"他说，"我喜欢将责任范围确定。

我认为自己属于工作比较主动的——为自己喜欢报道的内容制定计划，并为写出精彩的东西而不断观察。显然，如果你是被派去做什么，情况就不一样了：你到达某处，接到别人递过来的东西，听别人告诉你那一天的重大新闻是什么。做专题报道时，你是在依据自己的知识产生自己的想法。"

另外一点就是，你可以使你的老朋友亨瑞的日子不那么好过。

⑫ 竞选活动

COVERING A BEAT:

POLITICS

关系网的扩展对于政治新闻报道来说至关重要。他们的群体就像是一个与世界隔绝的岛屿。只有身处其中，才能够及时获得最新消息。你必须逐渐地与这些人建立联系，与他们交往并尽量了解他们。

这其中没有诀窍可言。多和他们聊天，谈体育、天气，或是电影什么的，聊他们身边发生的事情。总之，除了竞选，什么都可以谈。慢慢地，他们中间就会有人向你敞开信息之门。

纽约市长退出参议员竞选

美联社记者马克·哈姆伯特

奥尔巴尼，纽约（美联社） 据一些与鲁道夫·朱利安尼关系密切的共和党人称，这位现任纽约市市长将退出与希拉里·罗德汉姆·克林顿之间的参议员竞选。

一位不愿透露姓名的人士称："市长将于今天宣布正式退出。"

而市长方面并未立即对此作出反应。

三个星期以来，由于受到健康和婚姻问题的困扰，朱利安尼一直在反复权衡自己的政治前途。

他此前曾致电纽约和奥尔巴尼的一些共和党人士。据他们中间几位不愿透露姓名的人士称，他们被告知退出竞选的原因是健康问题。其中一名共和党人说，朱利安尼尚未决定是否对其前列腺癌进行治疗。

对于朱利安尼将退出竞选的传闻，正在布鲁克林进行竞选宣传的第一夫人称："在消息被确认前，我不做评论……我不会因此而改变计划。我现在只想努力做好我几个月来一直在做的事情。"

她还说："我无法控制竞争对手一方发生的事情，我也不想对此说三道四。"

据另一位与朱利安尼关系密切、而且正在准备为他召开新闻发布会的共和党人称，他准备将自己退出竞选的决定完全归因于健康问题。朱利安尼对他的同僚说，他已经无法全身心地投入竞选。

至于朱利安尼是否会转而支持别的候选人以及他将如何处理他的竞选基金，目前还没有任何消息。

三个星期前，这位55岁的市长宣称，由于患上了前列腺癌，他将无法确定是否还能够继续竞选参议员。他说，最后的决定很大程度上取决于他如何对待自己的病症，以及他是否相信自己能够在接受治疗的同时进行竞选。

事实上，在宣布患上癌症的同时，这位已婚市长也公开了自己与朱迪斯·内森女士的秘密交往。他称她为"一位非常亲密的朋友"。他还承认，他正与已结婚16年的妻子多娜·汉诺佛女士商议正式分居。

共和党的领袖们现在必须立即提名一位新的候选人。纽约州共和党的提名大会将于5月30日在布法罗召开。

但是，一些共和党的主要人物，如纽约州州长乔治·帕塔基已经宣称，如果朱利安尼退出竞选，他们将支持来自长岛的共和党人里克·拉齐奥作为新的候选人，以对抗第一夫人。

现年42岁的拉齐奥，目前正处于他的第四个众议员任期内。他说，在朱利安尼作出最后决定之前，他不会发表任何意见。这位众议员现拥有约350万美元的竞选基金。他在8月份以前一直在积极地准备竞选参议员。但帕塔基却同意了朱利安尼的竞选申请，并且要拉齐奥暂时放弃竞选的努力。拉齐奥照办了。

拉齐奥在华盛顿和长岛的办公室至今未对重新参选一事作出答复。

共和党人彼得·金和华尔街亿万富翁特德·弗斯特曼也都表示有意取代朱利安尼竞选参议员。

在到美联社求职前，马克·哈姆伯特只是一名校巴司机。

然而，这不是哈姆伯特的一贯职业。数年前，他曾经是纽约州萨拉托加斯普林斯地区的《萨拉托加人》杂志的一名记者，主要从事有关纽约市政厅、政府部门和政治事件的新闻报道。他喜欢两样东西：写作和政治。对后者的喜好有可能来自遗传，因为他的父母都曾是政界人士。他的父亲曾经担任过纽约圣劳伦斯地区共和党委员会的委员。

但是，哈姆伯特却想创造更多的机会来从事写作。于是，他放弃了记者的工作。"我转向自认为伟大的美国小说创作，但结果却并不伟大，"他自嘲地说。

当他走进美联社面见纽约州奥尔巴尼地区办公室首席记者埃德·斯塔兹时，他的身份是一名校巴司机，并以此养家糊口。

哈姆伯特说："他（斯塔兹）说他对我的简历很感兴趣。他录取了我。"

就这样，他开始了成为美联社最佳政治新闻记者之一的历程，虽然在一开始他做得并不好。当然，没有人在一开始就能把事情做好。

哈姆伯特说："你应当很快地学会一些东西，因为你是个新手，没有人认识你。在一开始，工作很难开展，因为你不熟悉圈内的关键人物，你甚至不知道谁才是关键人物。站在政治家背后阴影里的人才是真正的关键人物。他们是政治家意志的执行者。你必须了解他们。你必须知道该信任谁。"

要学会与消息灵通人士们相处。如果说金钱哺育了政治，那么这些消息灵通人士就是政治新闻的源泉。

"关系网的扩展对于政治新闻报道来说至关重要。"哈姆伯特说，"他们的群体就像是一个与世隔绝的岛屿，只有身处其中，才能够及时获得最新消息。你必须逐渐地与这些人建立联系，与他们交往并尽量了解他们。"

哈姆伯特长期努力建立起来的关系网及时为他提供了鲁道夫·朱利安尼退出2000年美国参议院纽约州议员竞选的内幕消息。这是哈姆伯特在美联社二十多年的记者生涯中所报道的最大的一个内幕消息。朱利安尼的退出成为哈姆伯特报道过的最重要的独家新闻之一。

但是，事情终归好说不好做。一般来说，对竞选活动进行报道前，记者都应当先了解候选人的朋友和顾问们，确定他们中间的哪些人能够成为关系户。关系户是比官方发言人更有用的消息来源。记者和关系户之间需要几个月来相互了解，然后才能确定是否可以彼此信任。

在报道朱利安尼竞选参议员时，要做到这一点却十分困难。因为这位纽约市长的整个竞选班子都十分忠诚，并且努力地保护他不受任何伤害。朱利安尼和他的首席顾问对媒体不仅不信任，而且根本不屑一顾。而班子里的其他一些人则对媒体怀有敌意，这其中甚至包括新闻秘书萨尼·米德尔。

然而，使出浑身解数的哈姆伯特还是成功地打开了缺口。

"这其中没有诀窍可言，"他说，"多和他们聊天，聊他们身边发生的事情，从这些事情中了解他们的生活。多和他们谈谈体育、天气、书籍或是电影什么的。总之，除了竞选这个话题以外什么都可以聊。慢慢地，他们中间就会有人向你敞开信息之门。"

这是一项艰苦的工作。"要想在这一行里取得成功，你必须起早贪黑地干，没有捷径。"但是对哈姆伯特来说，这项工作并不烦人。他说："我记得斯通先生曾经说过，'我几乎喜欢每一个我认识的政治家，并且信任他们……'他们是很有趣的一群人，我很喜欢和他们交谈。"

说起关系户，就不可避免地涉及到匿名消息的问题。美联社有关匿名消息的规定很严格，主要包括以下几个内容：

1. 匿名消息的提供人是唯一的消息来源；

2. 匿名消息的提供人拒绝被录音或是拒绝将自己说过的话进行引用；

3. 提供的消息是客观事实，而非个人观点。

"有时候，这种规定显得很糟糕，"哈姆伯特说，"一些非常好的素材因此无法公之于众，但不管怎么说，规定还是有些用处的。"至于那些好素材，就只能偶尔发表在一些不起眼的小报上了。

哈姆伯特用以下的范例向我们解释他是如何处理匿名消息的。如果你不能直接说，"XX 消息来自XX 候选人的竞选活动，"那么可以这么说，"XX 消息将对XX 人的竞选产生负面影响，并使XX 人的竞争对手从中受益。"

有时候，哈姆伯特倾向于打破规定的束缚。他说："我其实这么干过，而且我听说别人有时也这么干。当我们遇到一些很有价值的消息时，就睁只眼闭只眼。当你无法确定一则消息究竟是客观事实还是个人观点时，你完全可以灵活处理——只要你自己把它看做客观事实，那么它就是客观事实。"

在朱利安尼退选事件的报道中，哈姆伯特并没有遇到这样的情况。这位市长在4月27日那天宣布了他的病情，并表示因接受治疗而将有可能退出竞选。"从那时起，我只需每天与我的关系户们打几次电话，确认一下消息就可以了。"

5月13日，在和一位"非常了解情况的人"进行了一次谈话后，哈姆伯特决定开始他的系列报道。据这位人士称，朱利安尼在5月12日召集了他的顾问们开会，他说："他（朱利安尼）对于竞选的前景显得十分悲观失望。我们可以从他提出的问题以及对我们的回答作出的反应中觉察出来。"

5月15日，朱利安尼取消了原定两天后在加利福尼亚进行的一次募集竞选资金的活动。有消息称，他还没有最后决定是去是留。第二天，一位曾对朱利安尼继续参加竞选抱有乐观态度的人说："我有一种感觉，一种直觉，我觉得他不会继续干下去了。"

5月19日，星期五，中午11点。哈姆伯特与朱利安尼的首席顾问——他的一位关系户会面。据此人说，他已确信市长先生将不会继续参加竞选，而且会很快宣布退选的消息。虽然市长尚未与他直接谈起此事，但他会很快与其会面，并且在会面后立即将结果通知哈姆伯特。哈姆伯特立即征求了美联社纽约办公室首席记者山姆·波耶的意见。两人决定，在这位顾问将结果告知哈姆伯特之前不发表任何消息。

这位顾问在中午十二点半后打来了电话，把退选的消息告诉了哈姆伯特。哈姆伯特则在12点49分发出了新闻稿。而到了下午，纽约市的共和党头面人物们才刚刚接到朱利安尼退选的电话通知。这个消息被当作了后续报道的一部分，于下午1点45分发表。

事情不能总是一帆风顺的。当关系户帮不上忙的时候，哈姆伯特——这位身体健壮、锐意进取而又和蔼可亲的记者就必须显示出其性格坚韧的一面。

"你必须有锲而不舍的精神。你花了几年的时间和那些人发展关系，与他们谈论政治和其他各种各样的话题，但到了关键时刻，你必须学会说：'够了！少说废话！我干这一行的年头和你一样多。痛快点！'"

有些时候，个别关系户会把内幕消息提供给别的新闻机构的记者。遇到这样的情况，哈姆伯特一般都会表达出自己的不满，但他很好地把握着分寸。

"碰到这样的事，有些记者也许会说：'走着瞧！有你好看的！’这是不对的。政治活动是永不停止的，作为一名记者，你必须一直和这些人打交道。也许你们在某些事情上会产生矛盾，甚至于恶语相向，但你不可以就此一走了之，半途而废，你必须将工作继续下去。尤其是在美联社，一个强调客观事实的地方，你必须这么做。”

然而，忍气吞声并不代表哈姆伯特没有好办法。那些关系户往往掌握着许多小道消息，当一些不怎么帮忙的关系户想让美联社来发表花边新闻时，哈姆伯特就会说：“我可以写一篇500字的新闻稿，也可以写200字的，或者是150字的。但对你，我只愿意写150字的。”

从校巴司机成为职业记者，哈姆伯特取得过成功，也经历过失败。他回忆起他曾经报道过的一个关于任命新法官的新闻。当时，哈姆伯特认为那位原任法官已经去世了，于是他致电州长办公室进行确认。一位办公室秘书让他等了几分钟，然后告诉他：“没错！他死了。”

几天后，哈姆伯特接到了这位法官的妻子打来的电话。她在纽约时报上看到了美联社的这篇报道。她说，她的丈夫还活着。

这位妻子说：“他现在住院了，一直昏迷。幸好他没有看到这篇报道。”

哈姆伯特说：“那就好，实在对不起。”

后来，哈姆伯特写了一则更正，并由美联社请求所有采用那篇新闻报道的报纸予以刊登。几天后，这则更正出现在了《纽约时报》上。

当然，在那个时候，那位法官已经去世了。

"那是最糟糕的一次，"哈姆伯特说，"简直糟透了。"

至于最好的一次，哈姆伯特认为是报道有第一夫人参加的参议院竞选。

"这件事很有意思，"哈姆伯特说，"有鲁道夫·朱利安尼和希拉里·克林顿这样的人物参加，而且其中还发生了朱利安尼身患癌症、与妻子闹离婚和与另一名女子……后来又出现了另一位共和党候选人，以及这位候选人可以得到3,000万到4,000万美元竞选资金的传闻。你瞧，每天都有新的消息冒出来。"

"从一个记者的角度来看，最让人高兴的事莫过于每天都能写出一篇电讯稿了。"

"这次竞选有那么多上层人士参加，令人兴奋。这绝不是一次普通的参议员竞选。其中有来自华盛顿的大人物，并且与克林顿总统有着特殊的关系。另外，还有那么多的记者作为竞争对手。一切都很有意思。"

"当然，时不时掺和一下是最有趣的。"

⑬

华盛顿的政治斗争

WORKING IN WASHINGTON

罗斯·佩罗也许永远想不明白，约翰·所罗门究竟是怎么发现他和尼克松政府之间的那些事的。是不是共和党的什么人暗中向他透露了消息？所罗门回答："不是。"暗中透露消息的是……佩罗自己。

这些政客根本不需要所罗门，因为他们所说的任何事情都会有超过30名记者争相报道。但是所罗门的不同之处在于他永远是公平的。他需要的是一个对事件的完整描述。因此，他选择让事件中的双方都有机会发言。在对白水事件和竞选基金等新闻进行报道时，他的这种作风贯穿始终。

罗斯·佩罗与尼克松

美联社记者约翰·所罗门

华盛顿（美联社） 20年前的白宫档案显示，罗斯·佩罗曾许诺向白宫捐赠6,000万美元，以重塑当时的总统尼克松的政治形象。这个许诺让尼克松的助手们高兴了好一阵。在这些助手的工作备忘录中，多次提到白宫曾向佩罗及其家族提供各种好处。

事实上，佩罗从来没有向白宫捐赠过什么"公众形象基金"。尼克松总统的幕僚之一，查尔斯·科尔森把佩罗的这个许诺称为"欺诈"，其目的是利用与白宫的特殊关系捞取个人利益。

正打算以个人名义竞选美国总统的佩罗面对这个突如其来的消息，坚决声称他从未许诺过向白宫捐款6,000万美元。相反，他指责尼克松的助手们曾经"经常要求我向一些不切实际的计划提供数目惊人的捐赠，而我总是非常明确地向他们表明我根本不感兴趣"。

然而，尼克松的主要幕僚们却有着完全不同的说法。在他们内容详尽的工作备忘录中，记录着许多与佩罗交往的事件细节和心得体会。至于尼克松总统，他一直都拒绝回答任何有关于他与佩罗的问题。

美联社对国家档案馆尼克松时期的档案进行了调查，结果显示佩罗曾与白宫有着密切的联系，其中包括白宫曾出面调停佩罗与国家税务局的紧张关系，还曾为佩罗旗下的从事电子数据计算系统开发的公司争取到两份政府采购合同。

这些档案还显示，尼克松政府将佩罗等提供金钱资助的富翁称为"天使"，并且认为需要对他们"不时地加以关照"。

这种行为本身并不违法，它是白宫对待其主要支持者和捐助人的一贯做法，而且在档案中也确实没有发现佩罗和白宫之间存在权钱交易，因此有些人在他们的备忘录中竭力将这种向佩罗提供便利的做法描述成"基于对其优秀品质的信任之上而作出的英明决定"。

根据白宫工作记录，尼克松的助手彼得·M.弗拉尼根在白宫工作期间曾与佩罗有过40多次会面。弗拉尼根记忆中的佩罗与现在看上去毫无经验，整天标榜自己是"政治门外汉"，并且叫嚷着要与国会和白宫的政客们背道而驰的总统候选人佩罗大相径庭。

"他根本不是一个门外汉，"弗拉尼根说，"他能熟练地运用政治的每一个因素，他是一个彻头彻尾的政客。"

根据白宫的工作备忘录，佩罗与尼克松有过多次私人会面。1969年，他曾提出向总统捐资5,000万美元作为公共关系基金，用来购买一家主要报纸和一家电视台。1970年，他又提出捐资1,000万美元，为尼克松总统设立一个智囊团。

尼克松接受了捐赠，但佩罗却一直没有将诺言兑现。据资料显示，尼克松在1971年曾劝说佩罗投资一家濒临倒闭的华尔街经纪公司——杜邦葛洛夫根公司，佩罗于是投入了5,500万美元的资金。然而，这家公司最终还是破产了，佩罗因此蒙受了数以千万计美元的损失。

1972年1月12日，一份报告放到了尼克松的高参H·R.荷德曼的办公桌上。其中列举了一系列佩罗为达到个人目的而向白宫提出的请求，以及一些关于白宫为维护佩罗及其电子数据系统公司（简称EDS）的利益而对联邦政府有关职能部门的工作实施干预的记录。

本周星期三，佩罗声称，他与尼克松政府之间的交往99%是为了解救在越南的美军战俘。同时他也承认，其中确实有一小部分是为了谋取个人利益。

但是，荷德曼在接受记者采访时却说，他清楚地记得佩罗倡议发起的所谓重塑总统形象的计划，包括那个以5,000万美元购买新闻媒体的方案。正是佩罗使尼克松相信他"将拥有一家倒向我们这边的新闻媒体"。

　　由于妨碍司法公正而入狱的前尼克松总统特别顾问科尔森在1988年接受一次记者采访时说："在白宫的四年里，我不知道有谁能比他（佩罗）更能影响总统的自信心了。"

　　尼克松总统档案馆中有关文件显示，1969年至1973年，佩罗曾数次请求与总统进行会谈，其中包括了至少三次私人会面。另外，他还曾八次应邀出席在白宫举行的社交活动。有些时候，他拜访白宫的次数甚至达到了每周一次。

　　电子数据系统公司（EDS）的前任董事长米利奇·A.哈特在一次接受采访时称，佩罗与白宫之间的特殊关系使该公司能够在与政府职能部门发生纠纷的时候，将白宫当做保护伞。

　　因在水门事件中作弊而入狱的荷德曼承认，白宫确实对某些政府职能部门的公务进行过干预，因为"有人抱怨说他们遭到了不公平对待"。

　　他在本周星期一接受采访时说："我们要求他们（职能部门）对某些事件进行重新审视，并且采取适当的措施。"他说，从这一点来看，佩罗与其他只知从白宫谋取个人利益的公司老板们没有两样。

但荷德曼认为，佩罗与那些人之间还是存在区别，那就是他曾向尼克松总统许下的那个诺言。

科尔森说："那是我在白宫期间见过的最有效的一张空头支票。一分钱都没有花，只是凭借一个诺言，就获得了信任。真是得来全不费工夫。"

根据白宫秘书戈登·斯捷岑的工作备忘录，在许诺"为总统先生的利益"捐赠5,000万美元之后，佩罗在1969年5月实现了与尼克松总统的第一次私人会面。

备忘录还显示，尼克松总统当时曾建议佩罗特购买一些新闻媒体，如美国广播公司和《华盛顿星报》。白宫对佩罗的许诺感到欣喜若狂，以至于白宫顾问约翰·厄里奇曼立即委派弗拉尼根去调查美国广播公司的市值，并且在他1969年5月的备忘录中写道，"根据调查，美国广播公司的市值约为4亿美元"。

然而，佩罗却一直拒绝兑现这个诺言。当被问及为何文件中记录着他的承诺时，他说："他们是怎么做记录的，我可管不了。"

他还说："我从未制定过任何一项金额为5,000万美元的计划，我也从来没有与谁谈起过任何一项为尼克松总统实施的金额为5,000万美元的计划。这完全是空穴来风。"

虽然佩罗坚持说，他与白宫保持密切交往的主要目的是为了解救美军战俘，然而据有关档案显示，白宫向他提供的各种帮助主要还是私人和商业性质的。

佩罗得到的回报中包括总统签名照片、儿子到现场观看阿波罗11号宇宙飞船升空和母亲出席总统的早餐祈祷会等等。

档案中还提到了尼克松政府提供的以下帮助：

·当美国国家税务局对佩罗在1968年削减向尼克松捐赠的总统竞选基金的偷漏税问题展开调查时，尼克松政府出面进行了干预。1972年，斯捷岑在写给荷德曼的一份报告中说："政府的介入有助于问题的最终解决。"

·当电子数据系统公司（EDS）未能获准承担加利福尼亚州医疗保险计划的数据处理工作时，尼克松政府曾"试图为佩罗进行疏通"。斯捷岑的报告中认为，由于未能获得这份价值100万美元的合同，EDS公司的抱怨是"完全可以理解的"，但是由于"介入不够及时，事情已无可挽回"。

·当社会保障部认为电子数据系统公司所承担的得克萨斯州医疗保险计划数据处理工作的要价太高而拒绝支付相应款项时，尼克松政府出面施加了压力，从而帮助佩罗获得了40万美元报酬。斯捷岑起草的一份备忘录中说，政府认为"佩罗应该得到这笔钱"。

·尼克松政府在未经招标的情况下，将一份有关医疗保险数据计算机化工程的金额为62,500美元的政府采购合同交给了佩罗的公司。而在当时，任何一份金额超过10,000美元的政府采购合同都必须通过招标决定归属。

★　★　★

华盛顿（美联社）　尼克松时期的档案显示，对于当时的政府来说，只要能让"天使"之一的罗斯·佩罗满意，他们可以为这位亿万富翁做任何事情，包括一些微不足道的小事。

据说，佩罗有一次在半夜11点15分给尼克松的一名助手打电话，目的只是为了确认他的母亲是否出席第二天总统的早餐祈祷会。

另据资料显示，当白宫得知佩罗因为感觉受到怠慢而"有些不愉快"时，立即在不到一个月的时间里拟出了一个七点方案，来确保"消除佩罗与我们（白宫）之间的矛盾"。

这个方案中的一项内容是派遣一名白宫工作人员专门负责与佩罗保持联系，而另一项内容则是尽快平息佩罗因只得到尼克松一张"批量印制"的照片而产生的不满。

据国家档案馆的资料显示，白宫很快就给佩罗送去了两张尼克松亲笔签名的照片。作为回复，佩罗给白宫写了一封感谢信。对此，佩罗在本周接受采访时说，他从来没有向白宫要过什么照片，那是他的一个雇员冒用他的名义干的。

在1968年的总统大选中，佩罗派出了七名雇员支持尼克松的竞选活动。从那以后，他对尼克松和白宫的兴趣就与日俱增，而他提供的金钱资助也使他成为需要"不时地加以关照"的一名"天使"。

根据有关资料，这些被称为"天使"的捐助者每人都得到一份限量发行的尼克松总统就职演说稿，并且定期收到白宫关于经济情况的简报。至于佩罗，除了这些东西以外，他还一共收到过8次出席白宫社交活动的邀请。

据白宫一份手写备忘录显示，当时有人推荐佩罗"担任某个委员会的首脑"。于是，他很快就被尼克松总统任命为海军学院监事委员会的主席。

尼克松总统的高参荷德曼说："那是我们为佩罗这样的人预留好的位置。"

佩罗称，对于白宫文件中提到的这些事情，他基本上记不清了。

他说，他和白宫之间的联系主要是为了解救在越南的美军战俘，尽管他也曾经谋求一些私人利益，比如说，他曾经请求白宫安排他的儿子到现场观看阿波罗11号宇宙飞船点火升空。

当时白宫的一些工作人员称，佩罗对尼克松的支持使他获得了许多特权。

据尼克松当时的秘书杜伊特·查宾说："如果罗斯·佩罗希望到白宫与尼克松会面，那么我们有可能会为他安排当晚在白宫的住宿，因为他提供过许多帮助，而且始终支持总统。"

据一份资料显示，1970年11月，佩罗提出与尼克松就越南战俘问题进行私人磋商，但却迟迟未得到白宫的答复，他因此"暴跳如雷"。得知消息后，尼克松的一名幕僚立即敦促有关方面马上满足他的要求。

这名助手强调说："佩罗答应让我们为他重新安排与总统的会面，以弥补我们的过失。"

1969年4月，当佩罗在与美国陆军工兵部队就续签一项土地契约发生纠纷时，白宫也立即出面提供帮助。

当时，白宫向陆军工兵部队发去了一份备忘录，提醒他们佩罗"是尼克松总统最重要的支持者"而且"白宫对于这项契约能否续签非常关注"。"非常"两个字甚至加上了下划线。

档案中没有注明问题是否最终解决，但佩罗在1969年5月9日的一封信中提到，他收到了工兵部队希望举行一次特别会议的建议，"以解决纠纷"。

那次会议没有任何成果，他们最终还是在法庭上解决了问题。

罗斯·佩罗也许永远想不明白，约翰·所罗门究竟是怎么发现他和尼克松政府之间的那些事情的？是不是共和党的什么人暗中向他透露了消息？

所罗门回答："不是。"暗中透露消息的是……佩罗自己。

1992年，当他的一些同龄人正在美国总统大选中为候选人们忙前忙后时，24岁的约翰·所罗门已经是美联社一名小有名气的记者了。他在密尔沃基报道的一则"对学生进行性骚扰的教师被允许重返课堂"的消息使他崭露头角。在华盛顿，他被分派去对候选人的竞选基金问题进行报道。由于不用每天发稿，所罗门有了充足的时间去深入发掘内幕新闻。

在4月中旬的一次采访中，所罗门问了佩罗一个问题，一个关于佩罗自1976年以来的竞选基金捐赠的问题。因为在1976年，联邦选举委员会第一次对选举中的捐赠实行登记制度。佩罗问所罗门，他对哪一个时期的情况比较感兴趣。所罗门说，从1976年一直到1992年。

"那么1976年以前的情况我就不需要说了吧？"佩罗问道。

"真是有趣！"所罗门当时心里这么想，"难道在1976年以前有什么特别值得一提的事吗？"于是，所罗门决定到国家档案馆将尼克松时期的档案查个究竟。他最初的目的只是想找到一两份有价值的文件，没想到却因此发掘出了一个大新闻。

当时，佩罗的民意支持率正处于最高点。他将自己描绘成一个远离华盛顿官僚政治的好人，一个能够打破两党政治体系并能够以个人力量实现入主白宫的人。作为独立的总统候选人，佩罗一再声称自己与官僚政治绝缘。他开玩笑说："我连华盛顿的水都不喝。"

但是，国家档案馆中保存的文件资料中却记录着一个完全不同的佩罗：向尼克松许诺捐赠5,000万美元，来提高这位总统的支持率；在尼克松的授意下，购买了一家濒临倒闭的华尔街公司；从白宫得到各种各样的好处，从个人的贵宾身份到企业受到的特殊关照，无所不有。

所罗门从尼克松的助手们离开白宫时发表的谈话中发现了许多描述佩罗为达到目的而不惜溜须拍马的内容。

他花了三天的时间，打开了一个又一个布满灰尘的文件箱。因为很多文件并没有存放在"佩罗"这个目录里，所以他还必须费工夫把每一个相关文件都找出来。每天下午4点，档案馆关门以后，所罗门就回到家中，给每一个能够找到的尼克松的助手打电话，向他们了解事情的细节。

他在英格兰的一家咖啡馆里找到了正在度假的H·R.荷德曼；在亚特兰大的一间办公室里找到了刚刚搬到这里的约翰·厄里奇曼；通过电话找到了正在驾车的彼得·弗拉尼根；在密歇根州找到了正在出差的查尔斯·科尔森；在一个周六的下午找到了正在修剪草坪的艾利奥特·理查德森。

他们中的大部分人一开始只答应以匿名的方式提供消息，但所罗门说："如果你不和我挑明了谈，那我就去和别人谈。"

他劝他们说："这些都是20年前的事了，还有什么可躲躲闪闪的。"

由于他的坚持，这些人最终全部答应以署名的方式提供消息。

这是所罗门在工作中总结出来的成功经验。不久前，他去采访一名律师，对方坚持以匿名的方式接受采访，于是所罗门掉头就走。半个小时后，这个律师给所罗门打了个电话，表示愿意以署名的方式接受采访。

在一次又一次的采访中，所罗门发现，尽管政治家和政府官员们在一开始往往将自己的身份隐藏起来，但如果记者坚持要求在新闻稿中署上他们的姓名时，他们往往会予以默许。同时，他也注意到，在有些情况下，消息提供人确实有必要使用匿名的手段，比如在他报道克林顿总统与白宫实习生莫妮卡·莱温斯基绯闻事件的时候，消息提供人就拒绝署名，并且不允许记者引用他说过的话，因为他们担心这样做会招来官司缠身。

所罗门认为，让人们以署名的方式提供消息是十分重要的。如果没有令人信服的理由，他不允许他的消息提供人将匿名当作挡箭牌，因为这样他们就可以趁机"在别人背后插上一刀"。

到华盛顿工作后，所罗门惊叹道："这里的人们是如此的老于世故。他们说的每句话都是为了达到某个目的。每个人都显得深不可测。在这里，你会碰上那些最不可靠的消息提供人。"他说，每个人在这里一般都要花上三四年的时间才能学会到哪里去发掘信息和怎样避开害人的陷阱。他还说，华盛顿的消息提供人"熟悉各种狡猾的伎俩。他们知道如何利用记者。你必须保护自己不受愚弄"。

对于一个文字记者来说，华盛顿是全世界竞争最激烈的城市。全世界最优秀的记者在这里一刻不停地寻找着他们感兴趣的新闻素材，吸引他们的是政府，是政治，是那些手中握有极大权力的老谋深算的家伙们。

这些家伙根本不需要所罗门，因为他们所说的任何事情都会有超过30名记者争相报道。但是，所罗门的与众不同在于他永远是公平的。他需要的是一个对事件的完整描述。因此，他选择让事件中的双方都有机会发言。在对白水事件[1]和竞选基金等新

---

1. 白水事件：1978年，同为律师的克林顿夫妇与朋友花了20万美元在阿肯色州的白水河畔买了一块230英亩的地皮，办起了专营房地产生意的"白水开发有限公司"。后白水公司于1991年宣布破产。而为克林顿提供资金的麦迪逊银行1989年已倒闭，使负责银行存款担保的联邦政府损失巨大。

闻进行报道时，他的这种作风贯穿始终。

在对佩罗事件的报道中，他的作法再次被证明是卓有成效的。当所罗门致电佩罗，希望他能在消息正式发表之前发表一些评论时，正在飞机上的佩罗满足了他的要求。他不能相信他竟然把自己"出卖"了。

他没有冷淡所罗门。相反，所罗门借此机会与佩罗、佩罗的律师以及发言人进行了数个小时的谈话，从另一个方面了解事件的内容。虽然所罗门的报道将佩罗的真面目暴露无遗，但他所做的公平的努力仍然使他与佩罗之间形成了一种良好的关系。实际上，他的报道中一些最棒的素材恰恰是从佩罗一方得到的。

当佩罗在1992年夏天黯然退出总统大选时，他的发言人吉姆·斯奎尔斯由衷地赞扬了美联社的出色表现。正是他们的报道导致了这位亿万富翁的失利。这个报道后来得到了雷蒙·克莱普新闻奖。

在以后的几年里，佩罗仍然与所罗门保持着联系。他还总是开玩笑说，正是他自己不经意地向所罗门泄露了自己的秘密。

⑭ 海外报道

REPORTING

OVERSEAS

对于那些四散逃命的刚果政府军士兵来说，有三样东西很有用：首先是一辆好车，那样他们可以逃得快些；其次是硬通货；再次就是美国人或欧洲人，他们杀了解气。不巧的是这三样东西我们全占上了，而且还是"送货上门"。

对于海外记者来说，新闻报道本身并不难，最大的困难来自于如何通过我们的工作实现不同文化之间的沟通与理解。

政变后的扎伊尔

美联社特派记者莫特·罗森布洛姆

基桑加尼，扎伊尔（美联社） 在这个刚刚更名为"刚果"的非洲国家，人们的喜悦心情正在消退。他们向往美好安定的生活，然而他们却担心"解放者"劳伦特·卡比拉并不是他们真正的救星。

经过30年的斗争，这位57岁的叛军领袖正逐步显示出作为一个独裁者所具有的性格。人们开始怀疑他是否能真正实行民主，并且为这个世界上最贫穷的国家带来新生。

由于没有言论自由，一位坚持不愿透露姓名的失业小学教师说："我们需要食物，也需要工作，但我们首先想要的还是民主。我们期待它的早日到来。"

据传闻，地位已岌岌可危的总统蒙博托将离开扎伊尔，逃亡国外。卡比拉的军队已枕戈待旦，准备一举统一扎伊尔全境。

在卡比拉控制的地区，他的统治兼具救世主般的热情和小丑般的荒诞。首先，他在所有的文件印上了"刚果民主共和国"的字样，标志着这个曾被蒙博托在1971年废除的国名现在已重新启用。其次，他用一个极为类似狮子王辛巴的卡通形象作为印章，取代了蒙博托的猎豹图案印章。

但是，只要你看一眼扎伊尔"解放区"人民的生活，你就会明白，这里不是卡比拉想象中的迪斯尼童话世界。

在戈马市机场，一个涂着丛林迷彩的9岁小家伙手持一把9毫米口径的手枪，用斯瓦希里语冲着一位英国摄影师大声嚷嚷，因为他看见摄影师脚上穿着一双军靴。在他身旁，站着的一个同样打扮的16岁的孩子，提醒他不要开枪。

在行李检查处，一名军官用怀疑的目光盯着一大包面巾纸，在旅客演示了其用途后才恍然大悟并予以放行。但没过多久，他那怀疑的目光又盯上了一个电动剃须刀……

扎伊尔人从来不相信他们的政府，他们只知道向总统学习，学习他贪污腐败，中饱私囊。卡比拉的首要任务就是改变人们的这种观念。为此，他发动了一场声势浩大的反腐败行动，在一夜之间沉重打击了那些行贿受贿者的嚣张气焰。此外，他还专门成立了所谓的"精神作战部"，负责对国民进行思想观念教育。

在扎伊尔新近被"解放"的地区，人们欢呼雀跃，把恐惧忘得一干二净。但是，事情却不像他们想象得那么美好。

首先，叛军军队中滥用刑罚的现象十分严重。士兵们经常无故遭受鞭打。人们因此担心，虽然蒙博托的腐朽政权垮台了，但取代它的很有可能是一个更加残暴的新政府。

其次，联合国救援人员在丛林地区发现了大屠杀的迹象。据传闻，叛军中的图西族士兵对逃到这里的卢旺达胡图族难民进行了屠杀。救援人员相信，虽然卡比拉没有直接下令进行屠杀，但这一切肯定事先得到了他的默许。

叛军发言人则对大屠杀的指控进行了反驳。但是，事实说明，卡比拉的士兵对难民没有丝毫怜悯之情。星期天，他们将一些难民强行塞进厢式货车，将他们遣送回国。由于车厢空间太小，导致91人窒息而死或是被挤死。

★　　★　　★

叛军"解放"戈马已经6个月了，但这里的人们却感到越来越不安。在经过蒙博托军队败退前的残酷掠夺之后，成千上万的难民又开始涌入，并引发了霍乱的流行。

另外，由于得到了卡比拉军队中军官的大力支持，一些来自卢旺达和乌干达的商贩开始介入这里的经济生活，从而对本地商贩的生意造成了很大冲击。

卢克·纳姆鲁鲁，35岁，是一个兜售棕榈油的小商贩。

　　　　　　　　　　14 海外报道

他说："我们被从蒙博托手中解放了出来，但我们还是没有工作，没有学校，没有钱。"

在基桑加尼，人们感到庆幸不已，暴君终于被赶跑了。

博斯科·崇加认为蒙博托的逃亡意味着一个时代的结束。他说："一头凶残的猎豹，就这样完了，真是有点不可思议，感觉像是翻天覆地。"

1973年，崇加一家在基桑加尼开了一家饭店。那时，这里还是一座美丽的河港城市。然而，灾难接踵而来。

他们曾经经历过蒙博托手下军官和士兵们的无休止的偷盗和勒索。1991年，在一些长期没有领到军饷的士兵对这座城市进行了一番大肆搜掠后，这家饭店被推到了破产的边缘。

崇加说："他们抢走了电视机、电冰箱、一辆汽车和差不多所有其他的东西。在这座城市被解放前，这里住满了士兵，但他们从来没有付过钱。现在好了，卡比拉救了我们，就看以后会怎样了。"

面色凝重的索库·比库点点头，对崇加的话表示赞同。他是一名负责货币兑换的官员。由于警察经常借故对他进行罚款，以至于他一贫如洗。

他说："你根本无法想象他们是多么的卑鄙无耻。现在的军人则不会这样，他们向我们提供各种所需的物品，并且严格遵守各项法律。"

索库所从事的行业是一个精确的经济晴雨表。当卡比拉的军队取得节节胜利时，人们的热情随之高涨，扎伊尔人和联合国救援人员，甚至外国记者们都在努力重建这个国家的经济，新扎伊尔的光明前景也随之逐步展现。然而，索库补充道，这样的热情现在正在逐步减弱。

★　★　★

比库1955年出生于斯坦利维尔。那时，基桑加尼还是比利时人所控制的一个美丽的花园城市。作为8个孩子的父亲，他经历了太多的坎坷，因此行事处处小心谨慎。

在他5岁那年，扎伊尔宣布独立。在这之后不久，为了躲避左翼的叛乱分子，比库他们躲进了森林。这些叛乱分子手持大砍刀到处进行杀戮，有些比利时籍的修女甚至惨遭强奸。

领导这次叛乱的是皮埃尔·姆勒，谋杀首相卢姆巴的幕后策划人。当时的卡比拉参加了这次叛乱。

为了镇压叛乱，刚果军队请来了比利时伞兵部队，并且招募了外国雇佣军。当时任上校的蒙博托率领军队解放了叛军控制的斯坦利维尔。

在动荡的局势中，得到美国中央情报局赏识和大力支持的蒙博托窃取了政府实权。他平息了叛乱，稳定了局面，但同时也开始大肆搜刮和掠夺。

逃往坦桑尼亚的卡比拉则继续与政府为敌。通过开金矿、挖钻石和种植咖啡，他积累起了不小的财富。

作为一个成功的征服者，卡比拉的政治理念在一本名为《民主化进程的失败》的19页的小册子里得到了阐明。书中，他对蒙博托的统治进行了不遗余力的批评，但许多只是不切实际的空想，而缺乏符合国情和行之有效的具体措施或建议。他在如何建立新政府并保持一定的政策延续性方面也没有提出实际的方案。总之，他让人们想起了当年卢姆巴提倡的缺乏实际内容的民粹主义论调。

扎伊尔拥有丰富的矿产资源。卡比拉与美国及欧洲矿产公司达成的允许其掌握矿业合资企业控制权的协议使新政府财源滚滚。但是卡比拉政府依旧面临重建经济的巨大挑战。

对于实行多党制的问题，卡比拉的发言人，拉斐尔·甘达一直含糊其辞。他说："我们必须先用几年的时间来稳定国家局势。"当被问到到底需要几年来稳定局势时，他无奈地说，有可能需要四年。

★　　★　　★

戈马市已经逐步恢复了元气。联合国救援队伍已经将该市的电力和供水设施修复完毕，并且将一些建筑物重新进行了粉刷。它们看上去就像是刚刚开张的发廊。

基桑加尼则完全是另一种情形，市郊地区乱草丛生，港口码头堆积着废铜烂铁，街道弹痕累累，建筑物摇摇欲坠。

然而，最让人痛心的是你从人们的谈话中所感受到的人性的失落。

一个身缠绷带，自称约翰的年轻人在街上向他遇到的每一个外国人乞讨。他仅有的一件衬衫也只剩下了一个袖子。除了希望，他已是一无所有。

当遭到拒绝时，他总又伸出手问："以后再给？"

第一次到刚果的时候，莫特·罗森布洛姆还只是一个初出茅庐的年轻记者。

他出生在亚利桑那州的图森市，在那里成长和受教育。他曾在《亚利桑那每日星报》工作过一段时间。他的梦想是成为一名海外记者。他说："我不想当消防员，也不想当牙医，我就是想干这一行。"1965年，罗森布洛姆加入了美联社。他回忆道："我的第一个派驻地是新泽西州的纽瓦克市。对他来说，图森与纽瓦克之间的文化差异比纽约与世界上任何一个他去过的地方之间的文化差异都要大。"

美联社的海外常驻记者在被正式派出前，都必须先在国际交流部工作一段时间。编辑一些外国新闻或是向海外提供新闻，罗森布洛姆也不例外。他在那里工作了大约6个月。有一个周末，

　　　　　　　　　14 海外报道

他去波士顿看望他的姐姐。但由于饮食不慎，引发了食物中毒，弄得他在回纽约的路上呕吐不止。

他说："我当时难受极了，而且昏昏欲睡。就在这时，人事部的主任杰克·科勒尔给我打了一个电话。"他告诉我，由于常驻刚果的记者迈克尔·古尔德史密斯被当地政府第四次驱逐出境，他们决定派我前去接任。

科勒尔对他说："两个小时内，你必须从肯尼迪机场赶到华盛顿，领取赴刚果的签证。然后再从布鲁塞尔转机去金沙萨。"

于是，罗森布洛姆不得不在一小时之内打好行囊，匆匆踏上旅程。当地时间下午4点，痛苦不堪的他终于抵达了金沙萨，就这样开始了他海外记者的生涯。

他说："我当时23岁，身体虚弱，而且感到十分害怕。我告诉自己，如果我能挺过这关，那么以后就没有任何事情能难住我。那是我度过的最糟糕的一段日子。"

自那以后，罗森布洛姆历经艰辛与磨难。在金沙萨的任期结束后，他去了拉各斯（尼日利亚首都），报道当地的内战。他担任过新加坡分社首席记者，报道过越南战争。在阿根廷担任分社首席记者时，正值贝隆极权统治时期。他说："据我所知，那时大约有7个暗杀黑名单上有我的名字。"他还曾在巴黎担任过分社首席记者。此后，他曾一度离开过美联社，在《国际先驱论坛报》担任编辑。1981年，他又重新回到美联社，并常驻巴黎，直至今日。他所报道过的题材多种多样，主要包括战争、灾难和政治动荡等。

在美国和在海外进行新闻报道的最大不同在于：在美国，每个人都愿意接受记者采访，因为这有助于提高知名度，或是让人感到新鲜和刺激。即使有些人一时不情愿，稍后也往往会改变主意。但在别的国家，事情恰恰相反。接受采访不会带来丝毫的益处，反而会惹祸上身，甚至因此死于非命。

对此，罗森布洛姆采取了相应的对策：你必须让人相信你了解他们的处境，而且你不会给他们带来麻烦……要让人们感觉与你相处得很融洽。要尽量与采访对象一对一交谈。要尽量使用采访对象所用的语言，这样做会大大地缓和气氛，而且能使他们更自如地表情达意。

罗森布洛姆说，法语是一门很有用的语言。除了拉丁美洲之外，在许多地方，尤其是非洲和亚洲的一些曾经是法国殖民地的国家，法语仍然是平民和政府官员的所使用的主要语言。

他说："多和他们交谈，谈他们的生活。让他们相信你了解他们国家的政治环境和他们面临的困难。一般来说，最好以旁敲侧击的方式进行提问。有些时候，我会当着采访对象的面合上我的笔记本，把它放在桌上或是口袋里，然后再提问，以便让他相信我会帮他保密。这样一来，即使他说了一些比较敏感的话，他也不用担心我会泄露出去。"

罗森布洛姆认为，对于海外记者来说，新闻报道本身并不难，"最大的困难来自于如何通过我们的工作实现不同文化之间的沟通与理解。对某个特定文化背景下发生的事件的报道必须能够让另一个文化背景中的读者完全理解"。

"这样看来，我们的工作更像是写作，而不是简单的报道。如果你当过海外记者，长期置身于另一个文化氛围中，你一定会有同感。作为记者，除了观察形形色色的人物和发掘新闻事件之外，还必须深入他身处的社会环境当中，去了解当地人的思维方式。"

举例来说，有一次，一位老资格的海外新闻编辑对罗森布洛姆说："不要告诉我在乍得的街上发生过什么，告诉我那条街是什么样子。"

罗森布洛姆说："根据他的启发，我在最终发表的电讯稿中加入了对街道的描写、相关的背景资料、事件的起因和对人们行为方式的详细解释等几项内容。"

海外新闻报道的一个重要作用就是将世界上不同的文化介绍给美国读者。罗森布洛姆在他的笔记本上记录着许多描述事件细节的词和句子。事实证明，一两个这样的词句甚至比几大段话还要管用。有一次，他在报道尼日利亚难民危机时写道："如潮一般的难民带着他们的物品……"他的这句话让美联社的资深记者休·莫利根大摇其头，"不不不不不，不要泛泛而谈，要具体化。应该这么写："如潮一般的难民带着他们的草席、瓦罐……"

罗森布洛姆说："记者这份职业培养了我细致的观察能力。我想，也许我天生就有很强的好奇心，这一点对我来说很重要。做事专心，多注意细节，这样才能使文章更具可读性。"

除了要做到守口如瓶和心细如发外，作为一个海外记者，罗森布洛姆还学会了如何在危急时刻保全自己，如何运用智慧去发掘新闻。以下是他1997年重返刚果期间所做的笔记。回想30年前，当他第一次来到这里的时候，还只是一个吃坏了肚子的小伙子呢。

蒙博托的政权已是摇摇欲坠，我不能对此漠然视之。60年代的时候，当我第一次在这里担任海外常驻记者时，正值他发动政变，夺取了政权。如今，眼看他就要垮台，我决不能错过这最后的一幕。

在前往金沙萨的半路上，我与摄影师桑提亚格·利昂被困在了基桑加尼。这是位于刚果河河曲处一座已经破败不堪的港口城市。我知道，要想离开这鬼地方，不靠一点运气是绝对不行的。让我喜出望外的是，电视制作部的人帮了我们一个大忙：他们竟然在内罗毕（肯尼亚首都）弄到了一架飞机。

接下来的问题是：怎样才能说服飞行员在没有地面导航的情

况下，驾驶飞机在漆黑的夜里飞越无边无际的非洲丛林，直抵布拉柴维尔。这样做的话，飞行员会在降落后立即遭到逮捕，飞机也会被扣留。不过，这一切对于这位擅长丛林飞行的意大利老手来说没有问题。

如果不是战火的摧残，布拉柴维尔其实是一座很美丽的城市。可惜，我们的飞机被中途召回了内罗毕，以至于前功尽弃。既然不能走捷径，就只有绕路了。于是，我们花了两天的时间赶到巴黎转机，并且幸运地赶上了法航飞往金沙萨纳德基里机场的最后一个航班。在那之后，纳德基里机场就关闭了。

我这一生还没有经历过如此相似的一幕：同样是在一片漆黑的夜幕中，同样是乘坐飞机，同样是降落在了金沙萨的纳德基里，几个和当年差不多的土里土气的官员在翻检旅客的行李，搜寻着值钱的东西……30年过去了，这个机场显得更加破旧。不过我倒不再是一个毛头小伙儿了。

一个全副武装的家伙带着我和几个同事离开了机场。我管他叫"瓦克"（美国俚语，意为古怪的人）。据说他是一个将军的儿子。他的父亲在蒙博托的圈内很有影响。不喝酒的时候，瓦克是一个优秀的导游兼保镖，而且从不漫天要价。我想，如果卡比拉真的占领了金沙萨，那么瓦克也许马上就会沦为一个无恶不作的强盗。

首先要解决的问题是住房。大多数记者都选择了住在市中心的梅努灵酒店，一方面是因为他们觉得人多势众，另一方面是因为记者们总是莫名其妙地喜欢凑在一块。而我选择了洲际饭店，因为这里靠近使馆区，防卫措施比较好。另外，分开住宿可以保证报道不至于因一个人出现意外而中断。

然后就是准备交通工具。在恶劣环境中进行新闻报道，最需要的是一辆结实的汽车、几个备用轮胎、一个机灵的驾驶员和足够的汽油。当然，通讯设备也是必不可少的。尽管我们配备着卫星电话，但为保险起见，我还是事先租了一个手机，以便紧急时能直接与纽约联系。

在这里度过的每一天都令人提心吊胆。有一次，《纽约时报》一个自称消息灵通的家伙冲进了饭店，告诉我们说，一些士兵正朝饭店赶来，他们打算抢走我们的器材，并把我们都杀光。于是，惊恐万分的记者们全部集中到了一起，用家具把房间的门死死顶住。过了一会，传来了转动门把手的声音，引起大家的一片恐慌。后来才知道，那其实只是一个女服务员而已。

在金沙萨，我准备了足够一支小分队用上一个星期的物资，包括水、食物和汽油等。我还广为结交各界朋友，从上层人士到下层平民。我甚至还找到了一些从前的熟人。我最常去的地方是贫民窟，因为那里简直就是这座城市的信息中心。

据说，蒙博托已经离开了扎伊尔。也有消息说，他逃到了在河上游的班顿杜。有一天下午，一名政府部长宣布将在总理府的院内举行一次新闻发布会。当我看到通知单上那些潦草不清的词句后，意识到一定发生了什么，否则他们绝不会如此慌乱。果然，在新闻发布会上，我的猜测得到了证实。他们用英法两种语言宣布了消息：蒙博托去世了。为保险起见，我看了一眼一个英国记者的笔记。我知道他是一个非洲通，20多年来，我一直非常信任他。然后，我又看了一眼一个德国记者的笔记。没错，他们听到的和我听到的完全一样。我马上拿出了移动电话，接通了纽约总社，一字一句地把这个消息告诉了他们。

10分钟后，CNN播发了这则消息，并且引用了我的原话。很快，其他的媒体也纷纷转载这条消息。此时，卡比拉的军队仍然没能进入市区，因为他们遭到了蒙博托残余军队的猛烈抵抗。法国军方人员提供了一些关于战事进展的消息，但事实上没有人能说清前线到底发生了什么。一天清晨7点左右，我从梦中惊醒，看到CNN正在播发一则消息："叛军进入了金沙萨。"我觉得很奇怪，叛军在前一天深夜还距离金沙萨至少有30公里。难道是CNN说错了？

我很快清醒过来，毕竟现在已是清晨，这一切有可能是真的。记者们很快聚集到了梅努灵饭店，讨论对策。我们最后决定去看个究竟。虽然这听起来愚蠢至极，但没有人愿意被看成胆小鬼。于是，我们开着3辆吉普车，向机场飞驰而去。

对于那些四散逃命的刚果政府军士兵来说，有三样东西很有用：首先是一辆好车，那样他们可以逃得快一些。其次是硬通货。再次就是美国人或是欧洲人，他们杀了解气。不巧的是，这三样东西我们全占上了，而且还是"送货上门"。为了安全起见，我们把车开得飞快，在刚果政府军士兵还没有反应过来的时候，我们已经冲破了两道路障，顺利地到达了目的地。然而，那里的激烈战斗和混乱的局面让我们意识到应该马上逃命。我后面的两辆车当即掉转车头就跑。就在我的吉普做了一个U型转弯，也要溜的时候，一个刚果大兵一枪托打碎了我的车窗玻璃。接下来的15分钟，我们和那些刚果大兵就像在拍动作片一样，在金沙萨的大街小巷上演了一出精彩的汽车追逐。坐在我边上的雷·伯纳（那个的《纽约时报》的消息灵通的家伙）不停地催促着，"快点！快点！"就好像我在偷懒一样。万幸的是，他们终于放弃了追赶。为什么呢？我也不知道，实在顾不上回头看一眼了。

叛军在当天上午的晚些时候进入了金沙萨市中心。双方没有发生大规模的交火，不过子弹还是到处乱飞。开枪的理由有很多，有的人是为了庆祝，有的人是因为害怕，有的人是想发泄，而有的人则只是为了好玩。我躲在梅努灵饭店附近一个市场摊位的薄铁板后面，拨通了纽约总社的电话。

接电话的是一个年轻的小伙子。听完了我的叙述之后，他对电话里传来的那些小东西（子弹）飞来飞去的声音很感兴趣。于是，他问我："那是什么声音？"

"枪声。"

"危险吗？"

"反正伤不着你。能挂了吗？"

新闻报道与讲故事

RE-CREATING REALITY:

ABOUT NARRATIVE RECONSTRUCTIONS

以说故事的方式向人们提供的信息更容易被理解和记忆。因为这种方式让人放松，让人觉得有趣。以这种方式整合过的新闻素材将更加有效地吸引读者。因为读者看到的不再是干巴巴的事实罗列，而是真实的生活。

记者们往往将自己的工作说成是写故事，但美联社特写新闻部主任布鲁斯·德希尔瓦却不这么认为。

他说："他们将新闻报道称为故事，但事实上，这些文章在六七岁的孩子眼里，根本不能算是故事。"

在德希尔瓦看来，故事指的是童话、小说和一些民间流传的口头文学。新闻与它们之间的最大的不同之处在于，新闻报道是真实的。

首先要有主角。德希尔瓦说："要选择那些能够引起读者兴趣的人作为主角。这样他们才会读你的文章。他们喜欢这个人也好，讨厌也好，他们都将对你的文章产生兴趣，这样才能让你阐述的观点在他们中间引起反响。"

"人物性格的刻画也很重要。你不能只是单纯地列出人物的姓名、职业、年龄……因为这样你无法让读者去了解你想要刻画的人物。绝不能让人物性格显得一成不变，那样才能达到栩栩如生的刻画效果。"

主角总是面对一些难题，一些让读者都感到头痛的问题，而这些问题是无法回避的。这就意味着：这些问题必须是很难解决的。如果主角轻而易举地把它们解决了，那你的这篇文章也就没什么可写的了。

在文章的最后，需要有一个结局。

"主角要么失败了，要么最终解决了难题。虽然在现实生活中，事情不是这么简单，但为了不让文章内容无休止地延伸下去，你必须设置一个结局，提醒读者：事情结束了。"

没有以上四点：主角、难题、过程和结局，要想成功地叙述一个事件是不可能的。

"对于一些人来说，这可能是一个坏消息。不过也有好消息，因为在现实生活里发生绝大多数的事件都包含这几个要素。你完全可以把它们作为写作素材。"

"如果你把新闻报道看做故事，而不只是通讯稿，那么你可以找到许多可写的东西。在报纸上刊登的新闻大多只是事件的结局部分，而不是全部。对于诸如大选、审判、企业破产之类的事件，我们往往只报道结果。但事实上，这些事件的背后还有许多更加精彩的内容。所以我们说，人们首先看到结局，然后才会发掘出一个完整的故事。"

为什么要采用故事的形式呢？

德希尔瓦说："研究显示，以说故事的方式向人们提供的信息更容易被理解和记忆。因为这种方式让人放松，让人觉得有趣。以这种方式整合过的新闻素材将更加有效地吸引读者。因为读者看到的不再是干巴巴的事实罗列，而是真实的生活。"

"故事也可以用来解释一件事情。当人们对某些事情感到困惑的时候，你用故事来帮助他们解开疑惑。就像这样，'你不理解，是吗？那好，让我给你说个故事吧……'实际上，讲故事就是通过举例帮助人们进行理解。"

举例来说，20世纪90年代，新英格兰地区的报纸报道了当地房地产和银行市场的不景气。但是，由于很多相关文章的专业性较强，没有能够吸引读者的注意力，但在看了一个热狗经销商的真实故事后，他们很快就明白了事件的全部内容：这个商人由于接受了银行的建议，购置了大量房地产，结果遭遇了不景气，背上了3亿美元的债务。

德希尔瓦说，讲故事实际上是一种很特别的报道形式。

首先，记者必须对主角有着充分的了解。这样才能把他刻画清楚。"你不能光说，他很聪明，他很滑稽……你必须向读者描述他的言行，因为这样才能展示一个人的性格。"

"人物性格是通过他的日常行为和对话表现出来的。这里所说的'对话'不是指他在接受采访时说的那些话。因为人们在接受采访时总是将自己真正的一面掩盖起来。真正的对话是指在日常生活中人与人之间的谈话。"

当然，这并不是说要把一个人说的每句话都引用下来。在叙事性文章中，尽量避免大段的引用，除非你能保证你引用的话一字不差。一般情况下，被引用的词句往往都是那些最简单好记的，例如，"噢！天哪！我中枪了！"除此之外，其他的话最好不要直接引用。

第二，记者在报道中必须要再现关键地点的场景。德希尔瓦说："没有场景描写，故事就没法讲。"

就好像没有场景，就没法拍电影一样。环境描写能够烘托气氛，帮助读者理解文章中人物的性格和行事的动机，环境能在很大程度上影响人们的行为方式。一个好的环境描写包括了视觉感受、听觉感受、嗅觉感受和触觉感受四个部分。

最后，"你必须对人们的行为动作进行极为详细的描述。通过你的描写，让读者产生仿佛亲眼所见的感觉。不要直接告诉读者发生了什么，要用你的描写让他们去感受发生了什么。场景的描写也要力求细致。运用你的每一种感觉，将你看到的、听到的、闻到的和触摸到的全都描写出来。很多记者根本不这么做，他们甚至不知道应该这么做。他们应当重新学习叙事性文章写作的技巧，这样才能让读者更好地通过他们的文章去感受这个世界。"

"这种方法确实很有效。有时候，即使你不在事发现场，你也可以通过采访来了解到足够的信息。你只要问对问题就可以了。比方说，"你看到了什么？听到了什么？闻到了什么……""

⑯

营救一个孩子

SAVING A CHILD

当每个人绘声绘色地说起自己的表现时，整个事情才显得惊心动魄。他们还彼此打断对方的叙述，补充了许多很有价值的细节。

凑巧的是卡特在那一段时间正好在读艾德娜·布切南的一本名叫《让你眼熟的尸体》的小说。在这本书里，作者强调了细节的重要性。听着人们的陈述，卡特的脑海里浮现出了书中再三强调的一句话：千万记住翻一翻死人的口袋。

17分钟：一次成功的营救

美联社记者切尔西·J.卡特

蒂夫顿，佐治亚州（美联社） 在一个池塘里，一辆车正在缓慢下沉，车里困着4岁的莱恩。在冰冷的水中，一名男子游到了车后窗，用力地想要砸碎玻璃……

和莱恩一样，那些想要救他的人自己也遇到了麻烦：一名女子脸朝下浮在水面上；另一名男子已经沉到了水里，毫无知觉；一名警察正在努力地拨水，想要浮出水面……

莱恩紧紧地抓住了座椅的靠背。他的手指早就被冻得毫无血色。

这时，水已经快淹到他的脖子了。

★　　★　　★

如果你是在电视上看到这一幕，那么它一定是用慢镜头播放的，而且会配上激扬的交响乐，感觉就像在看一场芭蕾

　　　　　　　16 营救一个孩子

舞剧。

但是，当这一幕发生在现实生活中时，一切就会变得混乱不堪。对于莱恩·艾什勒曼来说，那有可能成为他生命中最危险的十几分钟。当时在场的一共有17个人，每个人心里都是一团乱麻。

关键时刻，六名男子和一名女子置个人的安危于不顾，竭尽全力去营救这个孩子。你可以说他们是英雄。但在那个危急时刻，他们根本没有想这么多。人总是能在不自觉中发挥出极大的勇气。生活就是这样奇妙。

故事发生在佐治亚州南部一个人口大约16,000人的小城——蒂夫顿。那是2月11日，星期二的中午，天气晴朗，气温在华氏40度左右。

莱恩的外婆，佩姬·卡多娜，是"完美外表"发廊的美发师。那天早晨，因为快要迟到了，所以她急急忙忙地把车开进了蒂夫顿购物中心后面的停车场。

在停车场的后面，有一个大约40英尺长的斜坡，面对着一个长约150米，有足球场那么宽的蓄水池。

卡多纳的车是一辆1990款的尼桑车。这辆车的自动变速箱出了一点问题，每次当挡位放在停车挡上时，齿轮就会卡死。所以，卡多娜习惯于在停车的时候不挂停车挡，而是直接拉上手刹。然而，偏偏就在这一次，她忘记了拉手刹。

就在卡多娜想打开后车门把莱恩抱出来时，车突然向前滑动，冲下了斜坡，一头扎进了蓄水池。

"外婆！外婆！外婆！"莱恩在车里害怕得大叫，他伸长了脖子想要再看一眼他的外婆，但他已经看不到了。

★ ★ ★

德文·巴登，23岁，一名身材瘦长的黑发青年，当时正在坐在发廊的椅子上，等卡多娜来给他理发。从14岁起，他就一直在到这里来理发。

在发廊的隔壁，是一家指甲吧，30岁的大卫·范正在给顾客上指甲油。

他们几乎同时听到了呼救声："来人哪！来人哪！车掉进水里了，我的孙子在里头呢！"

大卫·范是一名越南移民，几乎不会说英语，但凄惨的呼救声还是让他明白发生了危急的事情。他和巴登赶紧从屋里跑了出来，正好遇到了刚来上班的范的妹妹，28岁的查琳。

他们三人跑到了蓄水池边，毫不犹豫地跳了下去。

紧随他们而来的是23岁的克林特·范登和22岁的丹尼尔·塔克。他们都是附近温迪克西超市的售货员。当时，他们正在超市外休息。克林特拿出一支烟正要点上，突然听到了呼救声，他扔下烟，和塔克立即跑了过来。

范登没有顾上脱掉外套和笨重的靴子，就一下子跳进了水里。水太冷了，他觉得就好像有一把大钳子紧紧夹住了胸部，让他无法呼吸。在他从水里浮出来的时候，他的头甚至感到剧烈的疼痛。

塔克在水池边停了一会。他对卡多纳说："我不大会游泳，但总得有人救孩子。"

于是，他慢慢地走进了水池，然后开始向车子游去。在这个时候，范和巴登已经冻得撑不住了，他们开始掉头往岸上游。

"喂！把车门打开！听见了没有？快把车门打开！"范登朝莱恩大喊。这时，莱恩正在用力拉拽着幼儿保险锁，而水已经淹到了他的腹部。

范登急得用拳头使劲砸车窗。

★　　★　　★

迪克·麦克兰，32岁，贝尔克百货商店的经理，听到呼救声后，也立即向池塘跑去。

在水池边，他看见一个穿着白衣服的女子拿着一把锤子正要往车子扔去。在水里的范登急得大叫："不！不要扔！喂！你（麦克兰），你把锤子拿给我。"麦克兰此时已经脱掉了运动外套，但他来不及脱掉他的皮鞋、领带、衬衫和裤子。

他一头扎进了水里，冰冷的水让他感到全身麻痹。

游到一半的时候，麦克兰想："天哪！也许来不及了。"

范登朝着他大喊："快点！快点！"

那辆尼桑的车头此时已经完全没进了水里。水已经淹到了小莱恩的胸部，并且还在不断上升。

眼看就要到了，麦克兰用尽全力把锤子向范登递出去，范登一个侧身，把锤子一把抓了过来。

范登把锤子高高举起，用尽全部的力气重重地砸在了车窗上。玻璃破了。

★　★　★

佐治亚州巡警温德尔·曼宁在收到了911报警后，以最快速度赶到了现场。他从车里冲了出来，一边跑，一边把自己的武装带解下扔在了地上。

在水池边，他看见范登已经打碎了玻璃，同时也看见范登的同伴，塔克，正在一旁挣扎。

他赶紧跳进水里。冰冷的水让他感到呼吸极为困难。由于他忘了解下脚踝部绑着的那支手枪，他在水里几乎寸步难行。

由于不大会游泳，极度恐慌中的塔克拽住了曼宁，弄得两个人都开始下沉。不得已，曼宁只好先把塔克推开。

就在这个时候，正好经过这里的查理·莫克看见了"这混乱的一幕"。他看见查琳·范脸朝下浮在水面上，于是立

　　　　　　　16 营救一个孩子

即跳进水里，向她游去。

　　他把查琳翻过身来，用一只手搂着她的脖子，向岸边游去。离岸边大约还有15英尺左右的时候，他的脚碰到了一个软绵绵的东西。他用另一只手向下抓去，结果抓住了一把头发，把塔克水里拉了上来。

　　就在这时，曼宁也已经缓过劲来。他抓住了塔克，和查理一起向岸边游去。快要到的时候，岸上的人七手八脚地把他们拽了上来。

★　　★　　★

　　打碎玻璃后，范登和麦克兰——一个超市售货员和一个百货商店经理迅速地把莱恩从后座上拽了出来，并让他骑在了范登的背上。

　　范登做了三次深呼吸，然后开始向岸边游去。麦克兰游在他的身边。就在他们游开了不到2英尺，那辆车就整个地沉了下去。

　　"嘿！哥们！你来背他吧！我已经没劲儿了，"范登对麦克兰说。

★　　★　　★

　　此时，他们身上的每一块肌肉都感到剧烈的刺痛。在这样冰冷的水里，每一个动作对他们来说都是一种折磨。快要到岸的时候，岸上的人及时把他们拉了上去。

急救人员及时给丹尼尔·塔克做了人工呼吸。大约一分钟后，塔克吐出了几口水，缓缓地醒了过来。他跳进蓄水池后，很快就失去了知觉。后来，他在医院接受了六天的治疗才完全康复。

查琳·范也被送上了救护车，除了救小莱恩外，她什么都不记得了。在她身边躺着的是她的哥哥。

现场到处是急救人员、救火员和围在那里驻足观看的人，范登和麦克兰穿过了人群，他们在贝尔克百货商店里换上了干净衣服，握了握手，然后就各自返回了工作岗位。

曼宁开车回到了警察局，换了身衣服。还没有剃头的巴登则回到家里。

"外婆！外婆！"莱恩哭着向卡多娜跑去，紧紧地抱住了她。

"我的漫画书。呜！"

万幸的是，那个池塘吞没的只是那辆车和他的漫画书。

两天后，大部分参与了营救小莱恩的人聚到了一起。这次是拍照。他们彼此握手，回味着当时的一幕幕情景，不时爆发出阵阵大笑。原来平凡的生活里也能出现英雄。

"根本没有时间去想，当时需要的是行动。"范登是这么想的。

切尔西·卡特说，回头看看，她在美联社的经历其实没有什么值得一提的。

她曾经在加利福尼亚的一家报纸工作过一段时间，后来在西弗吉尼亚州查尔斯顿的美联社办公室得到了一份工作——当一名临时工，代替那些外出度假的记者。她在那儿待了8个月，但从来没有引起谁的注意。她的大部分时间，用她自己的话来说，都被用来写通讯稿，就像那些在电视台和广播网工作的撰稿人那样，而很少有机会能走出办公室进行实地报道。

于是，她又来到了美联社在亚特兰大的办公室工作，但却仍然是作为一名临时工。她每个星期只需要工作三个白天和两个晚上。尽管她开始可以在自己撰写的新闻稿上署名，但她仍然对成为美联社正式雇员没有信心。于是，她决定在另一家报纸求职。

就在这个时候，发生了小莱恩事件。

恰巧，美联社特写新闻部主任布鲁斯·德希尔瓦在不久前视察了亚特兰大分社并且极力向记者们宣传他的关于"讲故事"的写作方式。

德希尔瓦的视察激发了亚特兰大分社全体工作人员的热情。分社的新闻总编安娜·费兹亨利和助理总编大卫·辛普森为此急于找到一个适合此种写作方式的新闻素材。在2月份的那个星期三，他们最终找到了他们想要的。

美联社实际上是为遍布全国的许多家报纸和广播电台服务的

一个新闻机构。作为提供服务所获得的回报，美联社有权使用这些报纸和广播电台所报道过的任何一条消息。如果在一个没有美联社分支机构的地方（事实上，在美国这是不可能的），只要有重要事件发生，当地报纸的记者都会马上致电美联社，把搜集到的信息倾囊相告。如果不行，他们等到美联社的记者赶到后再告诉他。

几十年来，美联社的新闻编辑们一直都在各家地方报纸的版面上寻找着他们感兴趣的消息，对它们进行加工整理后发表出去。但是，进入电脑时代以来，美联社的地方成员们就开始把他们获得的消息用"电子文本"的形式传给美联社。在2月12日，蒂夫顿的一家报纸就把关于营救小莱恩的事件的报道传给了亚特兰大分社。汤姆·萨拉蒂诺，当天的值班记者，在做了几次电话采访后，撰写了如下的电讯稿并且在当天早上发表了出去：

蒂夫顿，佐治亚州（美联社） 当车从蒂夫顿购物中心后的斜坡滑入池塘时，卡多娜能听到她那只有4岁的外孙的尖叫声。

9个人参与了这次成功的营救，但其中的两人自己却险些淹死在冰冷的水里。当天夜里，佐治亚州南部地区的气温降到了华氏30度左右。

52岁的卡多娜是一名理发师。由于上班迟到，匆匆忙忙的她在停车时忘了拉上手刹。

卡多娜说："我想把车停下来，但没有成功。当时在购物中心后面没有别的人，于是我赶紧跑去叫人。如果我也在车上，那么就没有人会知道要来救我们了。"

德文·巴登、查琳·范和大卫·范是最先听到呼救声的。随后赶到的是克林特·范登和丹尼尔·塔克。

范登跳下水后，试图打破汽车的后风挡玻璃。不大会游泳的塔克随后也跳进了水里。一家百货商店的经理迪克·麦克兰听到呼救声后也赶到了池塘边，他看到了范登、奄奄一息的查琳和正在奋力挣扎的塔克。

麦克兰说，当时在池塘边上有人递给他一把锤子，于是他立即跳下了水，把锤子交给了范登。

查琳当时正试图游回岸边，但是由于水太冷，筋疲力尽的她在水里失去了知觉。

正好驾车路过的查理·莫克看到了这一切，他马上跳下水把查琳救了上来。正在他抱着查琳往回游的时候，他的脚碰到了水里一个正在下沉的东西。他伸手抓去，结果抓住了一把头发，他就把塔克拉上了水面。

莫克说："当时真是凑巧。如果距离再多六英寸，我根本就碰不到他了。"

就在莫克把塔克拉上来的时候，州巡警温德尔·曼宁赶到了现场，他及时跳下了水，助了莫克一臂之力。

曼宁抓住已经休克了的塔克，莫克抱住失去知觉的查琳，两人一起游到了岸边。

麦克兰游到了位于池塘中央的汽车边上，把锤子交给了范登，后者接过锤子，砸碎了玻璃，把小莱恩从车里拉了出来。

由于在冰冷的水里坚持了太长时间，范登已经没有力气把莱恩送到岸边了。于是他把孩子交给了麦克兰。快要到岸边的时候，警官巴蒂·道迪把他们拽上了岸。

莱恩、查琳和塔克很快被送到了蒂夫顿综合医院接受治疗。

莱恩接受了检查后，很快出院了。查琳在当天晚上也恢复了知觉。塔克的情况则比较严重。范登则只是手臂被划伤，包扎之后就没事了。

卡多娜说，为了感谢范登救了她的外孙，她决定为他免费理一辈子头发。

她说："他们是蒂夫顿的英雄。"

费兹亨利和辛普森觉得这篇报道不够有力。关于这个孩子得救的故事里还有许多值得发掘的东西，必须要有深入的了解和细节的描写才行。其实，他们早就注意到了卡特，只是卡特自己没有觉得罢了。他们相信这个年轻的女记者能够写出一篇让他们满意的文章。于是，卡特那天在自己的办公桌边还没有坐上20分钟，就被告知回家换衣服，因为费兹亨利和辛普森已经决定让她去蒂夫顿。

费兹亨利把萨拉蒂诺的文章复印了一份交给卡特，同时交给她的还有德希尔瓦整理的一部美联社最佳特写新闻集。他提醒卡特读一读其中一篇朱丽叶·布罗迪斯写的新闻稿，获取一些提示。就这样，卡特上路了。

在她走出大门的时候，费兹亨利还在背后大喊："记住！要用讲故事的形式。我要故事！"

从亚特兰大到蒂夫顿的路程大约是250英里。卡特和摄影师里克·费尔德各开了一辆车，用了将近4个小时才来到了这个小城。在路上，费尔德用车载电话联系上了卡多娜，孩子的外婆，告诉她他们正在路上。于是，当他们到达那个发廊的时候，卡多娜已经带着他的外孙在那里等他们了。

卡特首先采访了卡多娜。她一边给顾客理发，一边从自己的角度把当天发生的事情说了一遍。接下来，卡特又对小莱恩进行了采访。她说："那是我这次报道中难度最大的一次采访。"因为孩子总是习惯于做一些简单的回答，诸如"是"，"不是"，"不知道"，而且孩子总是不爱和陌生人多说话。这就要求卡特要很有耐心才行。最后还是费尔德的摄像机帮了忙，它引起了莱恩的兴趣。在摆弄这台机器大约半小时后，小莱恩终于开口了。

他告诉卡特他当时是如何大喊"外婆"的。他甚至还模仿了他当时是如何用力抓住座椅靠背的。

他们离开发廊时，卡多娜拿出了那把锤子，那是警察在把车子从水里打捞上来时在后座上找到的。

接下来，卡特他们依次在温迪克西超市采访了克林特·范登；在贝尔克百货商店采访了迪克·麦克兰；在指甲吧采访了大卫·范。对范的采访实在是一个不小的挑战，因为他的英语说得很不好。卡特通过他的手势和几个支离破碎的句子，再加上边上一个越南语翻译的帮助，好不容易把他说的那部分内容整理了出来。

费尔德提出把所有有关的人集合起来拍一张集体照。几个小时后，所有参与了营救莱恩的人在购物中心的一层大厅里又聚到了一起。他们补充了许多单独采访时漏掉的细节。卡特说："我把同样的问题问了一遍又一遍。他们甚至都觉得我有点烦人了。我让他们每个人把事情再说一遍。每一遍，我们都能发现一些新的细节。"

卡特说："当每个人绘声绘色地说起自己的表现时，整个事情才真正显得惊心动魄。他们还彼此打断对方的叙述，补充了许多很有价值的细节。"

凑巧的是，卡特在那一段时间正好在读艾德娜·布切南的一本名叫《让你眼熟的尸体》的小说。在这本小说里，作者强调了细节的重要性。听着人们的陈述，卡特的脑海中浮现出了书中再三强调的一句话：千万记住翻一翻死人的口袋，不要放过任何细微之处。

卡特说："直到整个事件被重复了三四遍之后，他们终于说出了我一直在期盼的细节：颜色、触觉、味道，等等。"

那天，有三个人卡特没法接触到。丹尼尔·塔克还在医院接受治疗；查琳·范正巧生病了；查理·莫克则住在另一个地方，卡特只能从巡警那里了解一些有关他的情况。不过，到场的其他人告诉了卡特不少关于这三个人的事情。

卡特和费尔德第二天又采访几个主要的当事人。费尔德又拍了不少照片。那天晚上，他们住进了假日饭店。现在，卡特终于有机会喘口气了，于是她拿出了德希尔瓦的那本书，翻倒了费兹亨利推荐她读的那篇文章。

"那篇文章给我留下了极为深刻的印象。"卡特说。

朱丽叶·布罗迪斯的这篇文章是关于三个问题少年的。两个男孩同时爱上了一个女孩。他们偷了一辆车，计划从北卡罗来纳去阿肯色。然而，警察发现了他们并在后面紧追不舍。两个男孩根据事先的约定，自杀了，那个名叫珍妮的女孩活了下来。正是根据她的陈述，布罗迪斯写下了这则故事，以下是它的开头部分：

罗宾斯维尔，北卡罗来纳州（美联社） 警灯的蓝光在后视镜里闪烁着。佩克开着车，约什拿起了左轮枪，在他身旁的珍妮从后座上坐了起来，惊恐地看着紧追不舍的警车。

已经是深夜了，他们离家也已经很远了。按照他们事先的约定：如果要被警察抓住的话，这两个15岁的男孩和12岁的珍妮就开枪自杀。

几天前，一切就都计划好了：约什负责开枪先打死珍妮（因为她自己没有胆量那么做），然后打死佩克，最后自杀。

他们的车以100英里的时速飞奔，但警车还是越追越近了。最后，佩克看见仅剩下的一条车道也已经被路障堵住了。

无路可走了。是时候了。

车停了下来。

约什举起了枪，对准了珍妮。他看着珍妮那双绿色的眼睛。

"我爱你！"他吻了她。

"闭上你的眼睛。"

……

切尔西·卡特想，我能写出那样的一篇文章吗？

她首先开始整理自己的两大本采访笔记。她按照事件发生的先后顺序把材料在床上从左到右依次排开。她说："我以卡多娜的呼救作为起点，然后按照事件发生的先后顺序依次列出每个人物的出场时间。最后，我理出了一根清晰的主线。这样，我就知道我还缺少哪些信息，以便于我接着去发掘。"

根据卡特的计算，从头到尾，从一开始卡多娜呼救到塔克最后被送往医院，一共只有17分钟。

在开车回家的路上，她又把整个事件从头到尾想了一遍。到家的时候，她已经打好了文章的腹稿，即按照事件发生的先后顺序进行叙述，中间穿插一些描述性文字，以烘托紧张的气氛。她为自己的文章拟定的标题是："17分钟：一次成功的营救。"

第二天，她回到了美联社办公室。主管把她安排到一个小单间里专心写作。两个半小时后，她写出了一份大约2,000字的初稿。

"当安娜审阅那份初稿的时候，我就坐在她对面。这样一种气氛让我觉得有点不自在。过了一会，大卫也进来了。在读了我的文章之后，他们都认为需要进行一些修改——我应当在开头部分加入一些对小男孩心理的描写。于是，我把开头部分重新写了一遍，从莱恩的角度对事件进行了叙述。"

美联社在亚特兰大的办公室位于CNN大厦内。于是，费兹亨利把卡特带到了大厦的中庭。在这里，远离了办公室里那些烦人的电话铃声，两个人一起对文章进行了最后的，极为细致的修改和整理。最终定稿的字数在1,500字左右。

如果说这篇文章改变了卡特的一生，那绝对不是夸张。

在文章被发表后，她接到了辛普森的电话，通知她被正式录用了。为此，她专门到电影院看了场电影，以示庆祝。

这篇文章引起了人们极大的关注。卡特先后收到了来自读者和同行的一百多封来信和留言。因为这篇文章，她获得了美联社年度最佳年轻记者的称号。后来，她被调到纽约总社工作，随后又被派往加利福尼亚奥兰治地区担任常驻记者。在文章发表三年后，当她走进书店，还会有人问她，她是不是那篇文章的作者？

所有这一切只是因为她被派去报道了这个事件，而且她写出了一篇好文章。

"机遇，是最重要的，"她说。

17

追逐烈火

CHASING A FIRE

这里能找到的只是大火造成的破坏，而不是他想要的"故事"。这些废墟不会告诉福斯特发生过什么。时间已经是下午 3 点了。

　　突然，他看见远处有几间房屋依然完好无损，而在其中一间屋子门外，他竟然看见了两个人！

树烧焦了，梦破碎了：森林大火带给我们……

美联社记者大卫·福斯特

狼谷，蒙大拿州（美联社） 窗外，狂风呼啸，电闪雷鸣。"太好了！总算要下雨了。"小屋里的山姆·麦纳和凯瑟琳·麦纳这么想。哪怕只有一点小雨也好，至少可以缓解一下这难熬的酷暑。

但雨终究没有下。十几分钟后，那片乌云从峡谷上空飘走了。

山姆和凯瑟琳上床睡觉去了，没有再多想下雨的事。可是，第二天早晨醒来时，他们却发现，在山的那边，在国家森林公园的深处，有两团巨大的烟柱。

* * *

美国西部已经有50年没有发生过这样的大火了。

据当地报纸报道，大约有上百万英亩的森林起火，许多房屋被烧毁。然而，报纸上的数字却无法体现出大火给人们带来的恐惧和痛苦。以下是关于火灾发生地区一个峡谷里的一个家庭的真实报道。

学者会说，大火对于干燥的西部来说是必要的，这是大自然在"打扫屋子"。

但是，请先看看那些居住在这里的人们吧。几个星期来，他们呼吸着带焦味的空气，看着大火在他们屋子附近的一个个山头上肆虐。他们中的大多数人已经没有了家。他们的遭遇告诉我们，大火烧掉的不只是那些树木，还有他们的希望。

山姆和凯瑟琳是上个月刚刚搬到狼谷来的。这里离蒙大拿州德比镇大约15英里。

对于57岁的山姆来说，过去的几年是他最痛苦的一段日子。在拉斯维加斯干了二十多年屋顶修理工的他丢掉了工作，丢掉了老婆，两个尚未成年的孩子也不幸夭折。

"只有吸毒能让我忘记一切。"山姆说。

后来，他遇到了48岁的凯瑟琳。两个人一起来到了这个他们梦想中的天堂。他们在位于93号公路和比特鲁特河附近的地方买下了一栋房子和边上很大的一个工作间。

这里的环境十分安静，距离比特鲁特国家森林公园也很近。更要紧的是，这里的地产价格完全在他们的支付能力范围内。

他们彼此约定，从今以后，这里就是他们永远的居所。

6月26日，他们把各自的东西都搬到了这里，其中有凯瑟琳祖母传下来的圣诞节饰品，一个瓷器柜，几副弓箭，一个沙发，几个装着衣物的大袋子，山姆的几套工具，几个玻璃塑像，一个老织布机，一个微波炉和一个灭火器。

他们把一些家具和衣物搬进了小屋，而把绝大部分东西放在了工作间里。在他们看来，他们完全可以用整个下半辈子来慢慢地收拾。

山姆夫妇并不是这个地区唯一的居民。在他们小屋南面6英里的地方，大约有500个消防队员住在临时搭建的帐篷里。他们的任务是扑灭代号为"梅纳德"的大火。这一片大火是在6月22日由闪电引发的。

6月30日晚，尽快控制火势的希望彻底破灭了。山姆和凯瑟琳看到的闪电在比特鲁特河谷两边的山上引发了新的火灾。

第二天上午，指挥中心一共发现了约30处起火点。他们派出了消防队员和直升机进行灭火。一架直升机每次携带的水量达到了200加仑。大多数起火点的火势很快得到了控制，但有6个地方的火势反而出现了蔓延，其中有两处就是山姆和凯瑟琳看到的那两个大烟柱。指挥中心给这次大火起的代号叫"苏拉军团"。他们及时请求了支援。

8月2日上午，当山姆和凯瑟琳正在屋外一边弹着吉他，一边唱歌的时候，一辆警车在门前停了下来。

车上的警官说："很抱歉地通知你们，请马上撤离，你们还有10分钟的时间。"

山姆和凯瑟琳拿上了一些食物和几件替换衣服，带上了他们的三条狗——贝尔、博斯科和辛德斯，开着他们的卡车到了他们的朋友家里，在地下室里度过了两个不眠之夜。

8月4日，星期五，情况稍有好转，几场小雨使火势略为减弱，93号公路也重新开放。于是山姆和凯瑟琳回到了狼谷。

消防队员告诉他们说，由于他们的小屋和工作间的屋顶都是铁皮做的，所以没有着火。另外，他们的屋子周围除了4棵小松树外，没有大片的树林和灌木，所以也不用担心大火会向这边蔓延。

离他们最近的一处起火点大约在3英里外，中间还隔着两座小山包。

星期六，除了仍然灰蒙蒙的天空和不时飞过的直升机外，一切看上去都恢复了正常。宁静的峡谷里仍然是一片可人的绿色，比特鲁特河在一旁静静地流淌着。"多美的田园风光啊！"凯瑟琳想。

* * *

到了星期天上午，切普·胡德确信他的灭火队已经取得了实质性的进展。这个来自阿拉斯加的46岁的灭火队长手下有180个队员，负责扑灭这条公路附近的两场大火。其中一个是代号"吉尔伯特"的大火，蔓延面积约500英亩；另外一个代号"斯贝德"，蔓延面积约1,700英亩。

在北面，"斯贝德"已经烧过了一座小山，正在向山脚下的几处居民住宅蔓延过去。"吉尔伯特"则正在向东，朝着2E公路烧去。

清晨，趁火势略有减弱之际，胡德和他的灭火队抓紧时间在火区周围挖出了大约宽2英尺的防火沟。由于道路两边的木质护栏也是潜在的火患，所以他们派出了推土机把那些大木头也全部推得远远的。

但是，到了下午1点左右，事情开始变得不妙了。那时，温度大约是华氏90度，湿度约为14%，风速为15米／秒。火焰开始越蹿越高。

下午3点半，胡德注意到，西北方向的"斯贝德"开始转向，离"吉尔伯特"越来越近了。他心里明白，火场四周半英里范围内都是极容易着火的，如果不尽快撤出，他们的退路就会被这两股大火切断。

他立即通知警察局，让他们马上关闭93号公路。然后，他让他的队员们撤回到营地。这是一次成功而且及时的撤退，如果再晚半小时，情况就会完全不一样了。

　　　　　　　　　17 追逐烈火

在山姆夫妇的小屋外，狂风夹着灰尘呼啸而过，把那几棵小树吹得东倒西歪。

下午4点半，当凯瑟琳正在屋里做炸鸡腿时，胡德赶过来，通知他们尽快撤离。

山姆抱怨道："什么？又要撤！"他问胡德是否可以签一份弃权声明书，因为他们自愿留下来。

胡德没有时间和他们说那么多。他说："我们现在就撤，你们也一样。"

山姆和凯瑟琳向四周望去。在西面，"梅纳德"正以惊人的速度从山梁后面烧过来。在西北面，"吉尔伯特"正在朝公路的方向蔓延。在东面，代号"熊"的大火也已经冲进了峡谷……

没时间多说了。

"快！"凯瑟琳朝山姆大喊，"我们赶紧走吧。"

几分钟后，他们带着和上次一样的几件东西，开着车冲上了公路。车上，几条狗显得有点不安。它们的主人则已经被吓坏了。

在公路两边，那些已经烧着的树嘶嘶作响，就像一根根大火柴。不到30秒钟，这些原本还很翠绿的树就变成了一根根大木炭。车窗外，不时有大团的火焰呼啸而过。公路上烟雾弥漫，能见度大约只有50码。

凯瑟琳想："就像但丁《神曲》里的炼狱。"

山姆想："简直就像是在拍电影。"

他们来到了灭火队的营地。相对而言，这里还比较安全。灭火队员们忙着在营地周围扑灭那些小的起火点。大火引起的上升气流是如此的强烈，以至于有一个帐篷被吹到了50英尺的空中。

★　★　★

在峡谷里，胡德催促着他的队员和剩下的居民们赶快撤离。他自己开着车走在最后面，从一个已经烧焦了的地方跑到另一个已经烧焦的地方，以躲避那狂舞的火焰。

在他21年的灭火生涯中，这样猛烈的大火他仅仅见过一次。在速度为40米每秒的狂风劲吹下，那些树冠顶部的火焰高度达到了约150英尺。他说："你也许觉得我在吹牛，但这是真的，感觉那就是一堵火墙。"

指挥中心的灭火专家们也用了"前所未见"这样的字眼来描述那场大火的猛烈程度。

下午6点半，火场内几乎每一所房屋都淹入了火海。公路上到处都是烧焦了的东西，就连石头也被大火烧软了。

晚上8点，太阳下山后，胡德和他的队员立即赶回了火场，动手挖更多的防火沟，并且扑灭那些零星的起火点，尽量将损失减少到最小。他们整整干了一夜，直到第二天早晨才被前来支援的灭火队替换下来。

星期一下午，山姆搭乘在附近巡逻的国民警卫队的车回到了小屋。对他来说，有好消息，但也有坏消息：小屋仍然完好，但40英尺外的工作间已经荡然无存。

他和凯瑟琳的大部分财产都已经变成了一团一团黑乎乎的东西，上面还盖着那块铁皮屋顶，看上去就像一大盘做砸了的意大利面条。

山姆最在乎的就是凯瑟琳的那些圣诞节饰品。工具和家具都可以重新买，但那些饰品所包含的美好回忆是无论如何买不回来的。

他踢开了那些烧得乌黑的石头，拿起了地上一块金属片。它竟然还是那么的烫，以至于在山姆的前臂上留下了一大块灼痕。

山姆夫妇的小屋和附近的另外三间屋子幸免于难，但在公路对面的六所房子却被烧得几乎什么都不剩了，整个房子就好像被蒸发了一样，只有烟囱还屹立在原地。

根据警察局的统计，大火一共烧毁了52间房屋。

星期三，胡德和他的灭火队完成了在比特鲁特地区的任务，准备前往爱达荷州东部地区。"苏拉军团"在那里的蔓延面积已经达到了78,000英亩，并且还在扩大。有关官员估计，这场大火有可能一直要持续到9月份大雪来临时才会停止。

在狼谷，山姆和凯瑟琳正在清点他们剩下的东西。他们几乎失去了全部的财产，但屋子总算还在。"总比什么都没有好，"山姆说。

由于他们没有给工作间投保，所以山姆希望在大火发生的前几天和保险公司草签的关于小屋的那份保险合同能够为他们争取到一点赔偿。

在那个星期剩下的日子里，他们晚上看着远处山头上的大火，白天整理屋子。他们每天都必须小心地控制呼吸，以避免吸入过多的烟尘。峡谷里曾经的美景已经消失了，取而代之的是周围那一座座光秃秃的山包和一根根烧焦了的"柱子"。

这场大火给了山姆很大打击。每当他回忆起他们失去的那些东西时，他的眼里就会充满泪水，嗓音也会变得哽咽。

"全完了，"他说，"我不知道我们还能做什么。"

就在这时，凯瑟琳在屋里大喊，"山姆，拿上灭火器。快！"

在他们邻居的屋外蹿出了火苗。山姆和凯瑟琳拿着两个灭火器和一把铲子飞跑过去。山姆先用灭火器扑灭了火焰，然后铲了土把起火点盖了起来。

一通忙活之后，山姆已是气喘吁吁，满脸通红。穿着牛

　　　　　　17　追逐烈火

仔靴的双脚感觉就像烧着了一样。凯瑟琳则靠在一根烧焦了的柱子上，手里还拎着一个空灭火器。

此时，他们又看到了另一个地方冒出了火苗。

"又来了，"凯瑟琳叹了一口气。山姆拿着铲子又赶紧跑了过去。

8月，在一个酷热的星期一早晨，美联社华盛顿州奥林匹亚市办公室里大卫·福斯特的电话响了起来，那是从纽约打来的。

美国西部的大火正在不断蔓延。总社希望他能到蒙大拿州去协助海伦娜分社的工作，那里的记者已经不间断地对这次森林大火进行了长达数个星期的连续报道。大卫的任务是：报道重点新闻，在逗留期间，尽可能地帮助当地分社发掘出这次大火中发生的真实故事。

作为西北地区的老牌美联社记者，福斯特知道编辑们想要的是真实的人物、真实的故事情节和详尽的叙述，而不是被烧毁的林地面积和房屋数目。

他必须在星期四之前完成任务。

福斯特在晚上11点左右来到了汉米尔顿。一路上，肆虐的大火已经使他的肾上腺素分泌大大加快。他来到了比特鲁特森林公园的信息处，所幸的是这里还没有关闭。

他仔细地观察了墙上的火情实时分布图，并且从信息处的工作人员那里了解到，目前风力较弱，火势暂时得到了控制。这位工作人员把一些消防部门官员的电话号码告诉了大卫。趁她去拷贝文件的时候，福斯特又从她办公桌上的电话表中抄下了更多的电话号码。

凌晨1点左右，福斯特住进了"超级8"汽车旅馆，在弥漫着烤焦的火鸡味的房间中美美地睡了一晚。

★　★　★

星期二上午7点，福斯特再次来到森林公园的信息处，搜集了一些有关大火的消息。他把这些消息发回了海伦娜分社。现在，他要全力去寻找这次大火中的"真实故事"了。

面对森林大火，人们一般会经历三个阶段：第一阶段，恐惧。这个时候，人们会收拾细软，逃离家园。第二阶段，混乱。你可以想象一下这样的场面，一边是吞噬一切的大火，另一边是奋力救险的消防员。第三阶段，劫后余生。人们回来了，看到的只有废墟……

在星期二那天，没有混乱。汉米尔顿西北方向的居民正在面对恐惧。在那里，大火正在逼近一个新的住宅开发区。在南边大约30英里的地方，大部分的房屋已经被烧毁了，在那里想必可以找到关于劫后余生的素材。

于是，福斯特决定去南边。经过达比镇的时候，他在一家咖啡店前停了下来。他觉得，在这样一个地方，也许可以打听到一些有价值的消息。在停车场，他看见了一辆小卡车，车上堆满了衣服、灯具和各种家具。这里有逃难的人？

没错。在咖啡屋里，茱迪·格林刚刚吃完鸡蛋。福斯特请她描述一下她所看见的大火。她说，她逃出来的时候，她邻居家的屋子已经着火了，公路附近的着了火的松树就像是一把把火炬一样。

福斯特和她谈了大约半个小时，记录下了她邻居的名字和联系方式。他还把她朋友家的电话号码也记了下来，以便与她保持联系。

他把这些消息传回了海伦娜分社，心想至少可以丰富一下当地报纸的版面。让他没有想到的是，他发回的消息居然成了当天的头条新闻。虽然新闻稿是由另一名记者撰写的，但署名却是大卫·福斯特。

真是太好了，大卫心想。在当天的上午8点半，他已经取得了一定的进展，新闻媒体的胃口已经被吊起来了。现在，他可以更加自由地去寻找"故事"了。

他来到达比镇南边的一个消防队的临时驻地，正赶上9点钟的情况报告会。消防官员向他列举了大量的数据，详细地说明了"苏拉军团"大火所蔓延的面积。此外，他们运用许多专业术语向他解释这次森林大火造成了一次"极为严重的灾害"。基本上，他们对福斯特所说的都是经由官方确认过的消息。

但是，大火看起来是什么样子的？听起来是什么样子的？"极为严重的灾害"究竟意味着什么？对于以上问题，这些官员们却一无所知。他们根本没有到过灭火的最前沿。他们只是待在帐篷里，"观察"大火。

看来这里是找不到"故事"的，福斯特心想。但是，听完他们介绍的情况，他却生出了一个念头：他要到"苏拉军团"大火经过的地方去亲眼看一看。

但是这些官员不同意他的想法。他们说："不！你不能去。"93号公路已经关闭，除了消防员和签署了弃权声明书的当地居民外，任何人不能通过。即使是那些签了弃权声明书的当地居民，也必须事先拿到警长签发的通行证后方可进入。

最后，森林管理部门同意为他安排一次实地观察，但地点却是一个大火已经经过的地方。他们发给他一套消防员的制服：黄色上衣、绿色长裤、皮手套和黄色皮带，在皮带上的一个小盒中，还有一副防烟面具。接着，他们给他上了一堂大约15分钟的安全常识课。虽然以前也听过有关消防的安全常识，但这次，福斯特还是认认真真地听了一遍。

就这样，他穿着这套制服，和森林管理部门人员一起出发了。他们在那里看到了房屋的废墟，看到一些正在进行扫尾工作的消防员，但是没有看到一个居民。转悠了大约3个小时后，他还是没有找到好的素材。

17 追逐烈火

但是，这套制服对福斯特来说却是很有用的。当他们回到营地后，他们同意让他继续穿着这套制服，在采访任务完成后，必须立即归还。福斯特心中暗自高兴。他走出了帐篷，发动了那辆租来的红色跑车。有人也许会说，消防服的黄色和这辆车的红色其实挺相配的。

他沿着93号公路前进，很快就看到了前面设置的路障。于是，福斯特摘下帽子，把它放在仪表板上，把手臂靠在摇下的车窗上。如果他如实说出自己的身份，那两个国民警卫队的士兵一定会毫不迟疑地让他掉头离开的。

他们对福斯特根本没有产生任何怀疑。当车开近的时候，福斯特放慢了车速，但没有停车。他朝他们挥挥手，冲他们点头致意。他们也朝他点头致意。于是，他就这样顺利通过了。

行驶在93号公路上，他看见两边小山上那些被烧焦的松树冒出的阵阵轻烟。在一些残存的树林里，仍然有零星的起火点。他来到了狼谷附近，看到这里的52户居民的房屋大部分都已经被烧毁。在废墟上矗立着的烟囱就好像是一块块墓碑一样。

但是，这里能找到的只是大火造成的破坏，而不是他想要的"故事"。这些废墟不会告诉福斯特发生过什么。时间已经是下午3点了。

突然，他看见远处有几间房屋依然完好无损。而在其中的一间屋子门外，他竟然看见了两个人！

福斯特赶紧驾车冲了过去。他向他们解释说，他不是消防员，而是美联社记者，这对夫妇松了一口气。他们还以为他是来让他们撤离的呢！不过，即使是那样，他们也不愿意走了，他们决定无论如何都要留下来。

这对夫妇就是山姆和凯瑟琳。

福斯特和他们谈了两个多小时，详细了解了那场毁灭性的大火。他不时地打断他们的叙述，要求他们提供更多的细节描述。他心里明白，这两个人对他的报道实在是太重要了。

当他们说到他们失去了工作间里的一切时，福斯特问他们其中究竟有些什么。凯瑟琳给了他一份手写的清单。他把每一项都仔细地抄了下来。

福斯特需要的不是个人观点，而是他们的真实经历。他把他的目的如实地告诉了这对夫妇。他让他们从事情的一开头说起，按照先后顺序把每一件事都说得清清楚楚。

根据这对夫妇的回忆，福斯特记录下了他们在当时的每一句对话，并且在笔记本上给这些话加上引号，以表明这些是真实的对话，而不是转述。

山姆夫妇叙述的同时，福斯特也在不断地提出自己的问题，比如，消防队长是什么时候来的？他说了什么？他是怎么说的？你们是怎么回答的？当大火袭来的时候，你们有些什么想法？如果你来写这篇报道，你会怎样向读者描述这场大火？你们在那天晚上吃了什么？（他觉得自己对他们的回答有着特殊的兴趣。突然，他明白过来，原来自己在那天还什么都没有吃呢！）

接下来，他又问了一些关于距离、年龄、时间和颜色的具体的问题。

他还问了他们的狗叫什么名字。

采访快要结束的时候，他特别让他们分别回忆一下几个关键部分，并且问了几个私人的问题，比如，你们花了多少钱买下这间房子？你（山姆）的孩子去世的时候多大了？

山姆和福斯特就坐在屋外的一根大木头上，凯瑟琳则进屋去了。突然，她发现了火情，于是大叫起来。山姆于是马上拿上灭火器和她一起赶去灭火。

福斯特跑到车上，拿出了照相机。他追着他们来到一处起火点，在他们灭火的时候抓拍了几张照片。当他们靠在篱笆上休息的时候，他及时地把他们的对话记录了下来。

完成采访后回去的路上，福斯特觉得十分高兴。他已经找到了素材。这是一个真实的故事，一个完整的故事。在车上，他已经开始打起了腹稿。

山姆和凯瑟琳是这篇报道的关键环节。但他还需要更多的人物。他需要找到一个真正参加了灭火行动的消防员。他决定继续朝南开，去"苏拉军团"消防队的营地。

路上，他在一个公路休息处稍事休息，换回了平时的服装。

下午6点左右，他来到了营地。

他在信息处找到了两名官员。他们向他提供了每天的火情状况、烧毁的林地面积和投入灭火的推土机和直升机的数量。他们还在地图上给他一一指出每个起火点的位置。最后，他们给了他一个星期来的火情资料照片。

这两名官员帮了很大的忙，但福斯特还是没有满足，因为他们不是在灭火第一线的人，他们不知道大火到底是什么样子。福斯特感到有些沮丧，因为那两个人实在没法回答他更多的问题了。

他们叫来了戴夫·达什，负责"苏拉军团"灭火行动的协调官之一，因为他知道所有派出的消防队的具体去向，正在干什么以及第一手的气象资料。

但这还不是福斯特真正想要的。他说："我能不能和一个灭火第一线的消防员谈一谈？"其中的一名官员站起来走出了帐篷，过了一会，他回来了，带来了切普·胡德。

太好了！胡德具体负责着好几支消防队的工作，其灭火范围包括93号高速公路和狼谷周边地区。在火情最严重的时候，他正好在最前沿。最妙的是，他就是那个通知山姆和凯瑟琳撤离的人。

福斯特请他回忆一下他和山姆夫妇的谈话，结果和山姆夫妇所说的不但完全吻合，而且还略有补充。胡德对福斯特谈了他对此次大火的切身感受——这是他遇到过的最严重的一次火情。

从某个角度来说，采访胡德并不是一件轻松的事情。他说话带有很浓重的消防员特色：过于简略和富有男子气。如果他在灭火时有过害怕和恐惧的心理，他是绝对不会说出来的。

尽管福斯特竭尽了全力，但这位消防员所说的还是有许多让他根本听不明白。他如饥似渴般地向胡德询问着每一个细节问题（同时，他也确实饿得不行了）。如果可能，福斯特真想在一个安静的小餐馆里单独采访胡德，因为在这个消防队营地有太多他的同事了，这让他不得不顾及自己的面子。

单独采访是根本不可能的，因为胡德实在是太累了，需要休息。况且，第二天，他就要被替换到爱达荷州去执行另一个灭火任务了。

于是，采访只好匆匆地结束了。福斯特开着车，在大火经过的地区四处寻找，希望能再看见几个居民，可惜的是一个也没有找到。

晚上10点，他回到了汉米尔顿。在"超级8"汽车旅馆边上的一个小餐馆里要了一份汉堡包，一边啃着，一边整理着记录的满满的三大本笔记。

他觉得材料已经足够了，他已经找到了他想要的"故事"。

星期三早上6点起床后，福斯特通过手提电脑浏览了一下当天的新闻，给消防队官员打了个电话，了解了最新的火情状况。

然后，他给海伦娜分社打了个电话，问是否可以暂时放下日常采访工作，以便整理手头资料，为星期天的报纸撰写文章。由于总社已经派了另一名记者前来协助海伦娜分社的工作，而且大火已经开始远离人口密集区，他被告知"没问题！好好写你的'故事'吧"。

　　于是，他的床上很快就堆满了各种材料：笔记本、照片、地图和剪报。他时不时给那些接受过采访的人打几个电话，并且通过电脑在美联社的资料库查询了有关的档案资料。但是，他的文章中有90%的材料都是来自于他的采访笔记。

　　他花了一整天的时间来写这篇文章。

　　他花了一个上午的时间写出了开头部分，然后又花了一个晚上，按先后顺序将整个事件叙述了一遍。在凌晨4点左右，为了保持清醒，他做了几十个俯卧撑。他对整个故事进行了重新整理，删去了一些内容。比如说，读者也许永远不会知道，"博斯科"其实是一条德国狼犬，"贝尔"是一条牧羊犬，"辛德斯"是一条黑色卷毛狗。另外，福斯特在文章中也没有提到，在山姆夫妇工作间的废墟上，有一个十分可爱的松鼠陶像。

　　星期四上午9点，福斯特把文章发回了纽约总社。中午，编辑朱丽叶·邓洛普打来电话，向他询问一些细节问题，除了有两个问题因为在笔记中找不到答案外，其他的问题福斯特都一一进行了回答。最后，朱丽叶从初稿中删去了约200字，但这对于福斯特来说，不算什么。

下午12点48分，文章发表了。福斯特轻松地倒在了床上。

一个小时后，他的手机响了，是海伦娜分社打来的。他们想知道福斯特是不是打算为明天的报纸撰写文章。

THE TOOLS OF

INVESTIGATIVE WORK

美联社的长项是报道突发性新闻和特写类新闻，在调查类新闻方面一直默默无闻。但在水门事件后，调查类新闻越来越成为新闻报道中不可缺少的重要组成部分。

长期以来，美联社和调查类新闻好像不沾边。美联社的长项是报道突发性新闻和特写类新闻，在调查类新闻方面一直默默无闻。但在水门事件后，调查类新闻已经越来越成为美国新闻报道中不可缺少的重要组成部分。

　　目前，这种尴尬的局面已经得到了改善。

　　近年来，美联社发表的调查类新闻有"对游乐园设施安全问题的调查"，"对某些企业和农场非法雇用童工的调查"，以及获得普利策奖的"对朝鲜战争期间美军士兵在'老根里屠杀平民事件'的调查"。

　　美联社总裁兼首席执行官路易斯·勃卡迪说："尽管我不喜欢'调查类新闻'这个名称，因为我觉得所有的新闻报道实际上都是在对某个事件进行调查，但是之所以起这么个名字，我认为还是为了强调'调查'二字。"

　　他还说："这一类新闻往往采取开章明义的手法，这样的手法现在十分普遍。在大多数情况下，这么做是有益的，因为它首先揭示了主题，使读者在阅读时不会感到迷惘。"

美联社的新闻稿中所包含的细节历来都是最详尽的，并且经过了编辑们的严格把关。如果你想对这种严谨作风进行一番研究，那么你完全可以就此写出一部专著。在接下来的几篇范文里，你们可以发现调查类新闻包含以下三个基本要素：

· 提出可能引起不快的问题的胆量。

· 从错综复杂的事件中找到线索的能力。

· 坚韧不拔的毅力。

一个精神病患者的死

INVESTIGATIONS:

A MENTAL PATIENT'S DEATH

你必须要有厚脸皮。我们不厌其烦地打电话给州长办公室，心理健康专员或是其他什么人，并且提出各种棘手的问题。如果他们因此而讨厌我，那就随他去吧。我不在乎，我不会有什么想法。我不认为这是一种才能，这可能是一种病态。

"谁能救救我，我快要死了"

美联社记者比尔·巴斯克维尔

彼得斯堡，弗吉尼亚州（美联社） 在一家州立医院的病床上，被皮带绑缚着的格洛丽亚·亨特利无助地躺着。每次大声喊叫和奋力挣扎后，她的呼吸都会变得极为沉重。

"病人在叫喊……注射镇静剂，"这是医院对情况的记录。

15分钟后："病人继续叫喊。"

最后："病人呼吸困难……佩戴呼吸器。"

那是1996年6月29日。31岁的亨特利已被单独禁闭了近300个小时，其中包括两次110多个小时（4天半）不间断的禁闭。

根据医院的记录，她最近的一次发作是在去用午餐的路上摔倒在地，小便失禁，不断叫喊，而且拒绝合作。

　　　　19 调查：一个精神病患者的死

在她生命的最后一天，亨特利在前往餐厅的途中向工作人员哀告："我没法走路了，没法走路了。"另一位病人回忆说："她倒在了走廊上，工作人员让我们从她身上跨过去继续走。"

这位病人没有说出自己的姓名，因为她害怕遭到医院的报复。这位病人还说："她的确病得很重，她当时说：'谁能救救我，谁能救救我，我快要死了，我快要死了。'"

她是说真的。

然而，医护人员依然只是专注于处理亨特利的狂躁症状，正是这个症状把亨特利送进了这样一个监狱般的法医监护所。他们把她带回了女病房，捆住了她的手脚，把她关进了禁闭室。

1964年10月20日，小名"茜茜"的格洛莉亚·亨特利出生于里士满。"她是个活泼而且顽皮的孩子，总是特别好动，"她的母亲格洛丽亚·霍勃斯说道，"我总是跟不上她的节奏。"

"她有着一头浅黄色的头发，脸上总是挂着天真烂漫的笑容。她喜爱游泳、跳舞、看图画书和与玩具娃娃玩耍，"她母亲说道。

在格洛丽亚的姐姐玛丽的记忆中，在她6岁那年，格洛丽亚还曾经试图解救邻居院里的小狗。当时，她"试图用勺子在大门下面挖出一个洞，以救出小狗"，玛丽说。

比她大一岁的玛丽说，长大后的格洛丽亚喜欢和朋友们打棒球。

然而，过度好动的她在读写能力方面的表现却极差，这给她在学校里带来了不少问题。

"大约从12岁开始，她就总是离家出走，我不知道为什么，"霍勃斯夫人回忆道，当时她正患狼疮而卧病在床。

与继父不断地争吵也许是格洛丽亚离家出走的主要原因。她的姐姐说："每次与继父争吵后，她便出走。她痛恨管制。"

由于离家出走，在她13岁那年，格洛丽亚第一次被送到了弗吉尼亚州立中央医院。在她即将18岁之际，霍勃斯夫人才重新获得了对自己女儿的监护权。

大约一年后，格洛丽亚曾试图在里士满市区当一名卖热狗的小贩，但她只干了一天。她不太识字并且不会算术。在过去的14年里一直经营这个摊位的吉尔·范西瑟说："如果她努力的话，我想她会干得非常不错，大家对她都很有耐心，但是她再也没有来过。"

格洛丽亚又出走了，结果这次她被送进了新泽西州的一家州立精神病院。在回到中央医院之前，她在那里度过了5年时光，这还不包括她在北卡罗来纳州的另一所精神病院呆过的10个月。1992年，她转回到了弗吉尼亚州立中央医院，这样她离家人会更近一些。

她被诊断患有精神病、情绪及人格紊乱，这是她有时表现出狂躁不安的原因。1995年7月5日，由于在医院里攻击了两名工作人员，格洛丽亚被送到了高度戒备的法医监护所。

她的母亲承认自己的女儿脾气暴躁，但是她认为，只有当格洛丽亚相信自己或者其他病人遭到不公正待遇时，她才会大发脾气。"她的发作是有原因的，"霍勃斯夫人说。

★   ★   ★

弗吉尼亚州立中央医院是一所有着127年历史的医疗机构，前身是弗吉尼亚州立中央精神病院。在这里，医疗人员对待格洛丽亚这种病人常用的手段就是关禁闭。他们把她的手脚（很多时候还包括胸部）用皮带捆缚在病床上，让她独自躺着，眼睛盯着天花板。这种方法一直被他们认为是有效的。

美国司法部正在对该医院的医疗状况进行调查，其中包括调查医院是否违反了联邦法律中关于禁止过度使用禁闭的规定。1993年5月，该医院的病人德里克·威尔森在禁闭中死亡。

据霍勃斯夫人回忆，她的女儿曾经告诉她，她经常被无故地关禁闭。她说："格洛丽亚每次都会尖叫：'我什么都没干。'"

霍勃斯夫人称自己并不知道女儿被绑缚过多久，她说："我现在所听到的是我以前想都不敢想的。"

亨特利以前的主治医生迪米特里奥斯·西奥多里蒂斯博士曾在1995年7月5日的那次攻击事件发生后一个星期发出警告，格洛丽亚可能会在被关禁闭时死亡，因为她患有哮喘、癫痫以及轻微的心脏病。他建议继续采取他的治疗方法，对格洛丽亚多进行鼓励和诱导。他在题为《警告的责任》的备忘录中写道：工作人员对她的态度越来越恶劣。

西奥多里蒂斯甚至一度提出辞去格洛丽亚主治医生的职务，因为他无法接受这种所谓的限制性治疗方式。

此后不久，她就被移送到了法医监护所。那里住的都是有犯罪记录的精神病患者。

"总有一天我会重新开始生活，"在被送到法医监护所后，格洛丽亚在给母亲的信中写道，"我希望你能看到那一天。"

★　★　★

心理健康方面的专家指出，弗吉尼亚州立中央医院在对亨特利的治疗中过度采用了禁闭手段，这是完全不可取的。

"机械禁闭作为一种限制手段，历来不被应用医疗救护领域。"约翰·R.拉恩说。他是一位来自巴尔的摩的精神病专家，在美国精神病协会从事对隔离和禁闭的研究。

纽约州心理残疾治疗保障委员会主席克莱伦斯·桑德拉姆回忆说，纽约州还不曾有病人像格洛丽亚在她生命的最后一个月里那样被关过如此长时间的禁闭。

"这是非常非常荒谬的，"他说。

美联社在3月份发表了有关对格洛丽亚·亨特利医疗事件的报道，呼吁中央医院停止采用关禁闭的手段，并要求护士至少对隔离或禁闭中病人进行持续的监控和观察。而在此前，一般只有一名未经任何医疗训练的工作人员每15分钟对病人进行一次例行检查。

6月29日下午1:30，在一名护士用呼吸器帮助亨特利实施了数次人工呼吸之后，她就被一个人扔在那里，无人理睬。

据法医监护所中目击了午餐时那一幕的一位病人回忆，他们在下午大约2点左右接到了紧急通知，要求他们立即离开各自的病房。

这位病人说："我经过禁闭室时，里面挤满了人，我看不见格洛丽亚。"

一名注册护士写到："面部发紫，无脉搏、血压……瞳孔对光无反应、放大，皮肤冰冷且粘湿，身体变软……对刺激毫无反应。"

"病人们开始哭喊，"这位病人回忆说，"他们叫道：

'格洛丽亚死了！她死了！'"

据弗吉尼亚州医疗稽查员说，被关禁闭的亨特利是死于"急性心肌炎"。心肌炎是一种心脏炎症。

★　★　★

医院工作人员将她少得可怜的私人物品塞进了一只垃圾袋，并将之与她的尸体一同搬了出去。

她在医院里的生活用品包括：一件医院配发的黄色睡衣、一条破烂不堪布满窟窿的灰色裤子、一件黄色T恤衫、一件蓝色外套、几部小说、一支用剩的牙膏以及其他日用品，另外还有一些图画书（这可能是她快乐童年的见证）。

在那封亨特利写给母亲的最后一封信上，邮戳的日期是6月28日。这封信在第二天，也就是她死后的大约两小时送到了她母亲的手上。她感谢母亲给她寄钱以及那张祈祷用的卡默利特修道院的祷词卡。

其中的部分析祷词如下："圣母玛利亚，耶稣之母，天与地的女主人，在我的危难时刻，我从心底里，真诚地乞求您给予我帮助。"

和许多新闻故事一样，所有的一切从一个电话开始。

"我现在正在米德洛锡安郡收费公路边的一个电话亭里，"在一个星期五的下午，一个人在电话里对比尔·巴斯克维尔说，

279

"我有很重要的东西给你。"

那是在1997年1月。一个星期前，巴斯克维尔报道了有关司法部正在对弗吉尼亚州立中央医院的一名病人的死亡展开调查的消息。有关部门接到的报告称格洛丽亚·亨特利是在被关禁闭时死亡的。弗吉尼亚州心理健康专员当时称该事件还没有任何定论。

《里士满时报》刊登了巴斯克维尔的报道。报道引起了一位读者的注意。尽管这件事已经过去了好几年，巴斯克维尔仍不愿透露她的身份。此人要求与他会面。

当时，巴斯克维尔是美联社里士满分社的负责人。在与编辑们协商之后，他回到家中与那位打电话的陌生人会面。她交给了他一份8页长的备忘录，这是格洛丽亚死前，由她的主治医生迪米特里奥斯·西奥多里蒂斯写的，题为《警告的责任》。在这份备忘录中，他写道，工作人员经常将亨特利的手脚甚至是腰部捆绑起来，以示惩罚。他警告过医院的有关人员，这位病人患有哮喘、轻微的心脏病以及癫痫，如果被关禁闭，她有可能会死。

"这是极为关键的资料，"巴斯克维尔回忆道。按照工作计划，第二天将由他一个人在分社值班，但是他已经等不及了。于是，他抢在当地体育报道和天气预报之间的时段，将关于这个女人的不幸遭遇发表出去。

自从退役以来，巴斯克维尔已在美联社工作了30年。一开始，他并不善于调查类新闻的报道，因为他是一个好静的人，而不是好莱坞电影中孤胆英雄。

事实上，他从事调查类新闻的报道始于1990年的那次"艰难的报道"。由于他曾经就一位前陆军上校大卫·海克沃斯在越南的苦难经历进行过一些报道（此人后来在澳大利亚居住了近20年）。于是，有一天，海克沃斯从北卡罗来纳州的布莱格堡给他打来电话。他正在那里签名售书。他在电话中对巴斯克维尔说："我这有一个大新闻，有一个82空降师的军士长被指控在入侵巴拿马的行动中犯有战争罪，但这件事他不会对别的人讲，只对你讲。"

巴斯克维尔直奔布莱格堡，见到了罗伯托·布莱恩军士长。布莱恩对他说："不要告诉我的律师我和你谈过话。"他们先在一家墨西哥速食店会面，然后去了布莱恩的住处。

巴斯克维尔回忆说："他对我说：'我的电话被窃听了。'我其实不知道电话到底是不是被窃听了，但是在那三天里，我们就总是跟打游击一样地东躲西藏。他还对我说：'你最好检查一下自己的车，看看有没有炸弹。'我说'别开玩笑！'他说：'好吧，让我教你怎么检查。'就这样，我在那里待了三天，一边小心翼翼地检查我的车是否有炸弹，一边采访这位军士长。后来，我还采访了驻扎在那里的82空降师的一些军官。"

"我从未活得如此痛快，我喜欢那个时候的我生命里的每一分钟。"

一个星期以后，他所在分社的首席记者多罗西·阿伯纳西召见了他，并决定让他担任新闻编辑。他接受了。

"那是我最不明智的一个决定，"他说。

在以后的四年里，他尝试着一边从事编辑工作，一边进行新闻报道，但是没有成功。于是，他放弃了编辑的职位，专心从事报道工作。

他曾对海湾战争中驻扎在沙特阿拉伯和科威特的美军军服问题进行过报道。由于衣料采用的是合成纤维，不如棉质衣物透气，结果使穿上这些制服的男女士兵们感到极为不适。他还曾报道过有关漏洞百出的消防系统、岌岌可危的大学宿舍、弗吉尼亚的人种改良实验，以及弗吉尼亚州少数民族商业企业管理部将一项投资为30万美元的、旨在扶持少数民族商业的项目拖延了一年多等消息。

巴斯克维尔发表的文章获得过许多奖项。这些文章促使政府进行相应的改革，同时帮助人们改善了他们的生活。然而，这一切对于他自己来说并没有什么大不了。

他说："我去领奖只是出于礼貌，获奖从来不是我的目的。对我来说，快乐来自于新闻报道本身。有人会说：'比尔，你帮助过精神病人、少数民族、女囚犯和大学生，你肯定获得了巨大的满足感。'也许我感到过满足，可能是的，但这种感觉并不强烈。我一直都在为我的下一个报道进行准备。当然，如果政府因为我的报道而为诸如公共卫生系统一类的项目投入巨额资金，那也很好。但是，我从来没有让自己想那么多。我只是想尝试新事物。"

这种新事物可能源自于一个电话或者门下塞进的信封。他重视每一个线索并对其一一进行确认，尽管他估计其中只有10%具有报道价值。"这是相当耗费时间的，但是当你最终获得一些值得称道的东西时，当你预见到一件事可能的结果时，那种感觉是无与伦比的。"

他报道过的每一个事件都建有档案。"我有成百上千这样的档案。我报道的每个事件，我逐一记录，每份文件，每件事。它们都被存放在位于里士满市区700大楼13层的这个小办公室里。我把其中的一些带回家，因为这里已经没有地方了。"

勤奋只是成功一个因素。正确处理消息的方法是另一个因素。

关于他的消息提供者，他说："他们并没有给我提供用于复仇或者污蔑他人的资料。我确信，他们只想遵循常理行事，但却总是受到伤害，就像在格洛丽亚·亨特利事件中，那些病人遭受的待遇那样。很少有人能够像这样去为自己遭受到的不公平待遇抗争。在亨特利事件中，我的一个主要的消息提供者不仅冒着事业的危险，同时也冒着个人的危险。我不是说她会受到人身伤害，而是指她的个人生活有可能会因此受到巨大影响。"

巴斯克维尔说："如果你与某人相处了一段时间，你也许会和他们成为朋友。经过数周，也许是数月，你们之间会建立起信任。信任，这是最重要的。在格洛丽亚·亨特利事件中为我提供消息的人，以及我一直从事的心理健康问题方面的报道，是让我写出这篇文章的诱因。在决定从事心理健康问题的报道后，我并没有急于写作。而是时常给那些消息提供者们打电话，和他们聊天，还经常去他们家里看望他们。所以，当我最终开始动笔时，我连他们去哪座教堂做礼拜都一清二楚。这样我就可以在星期天与他们在教堂会面。"

如果在教堂会面的目的是为了加深关系，那么就太好了，可以一举两得。即使没有得到什么消息，那也不错，至少可以让他夫人觉得他还是很虔诚的。

★　　★　　★

有关心理健康的报道不同他以往的其他报道，因为其中涉及到的都是个人隐私。

"1995年，甚至我自己也被诊断出有轻度忧郁症。对于这样的事，我从来不和人多说，但我并不引以为耻，"巴斯克维尔说道。

他对心理疾病的治疗方法产生了兴趣。他写过一篇关于一个10岁男孩如何与忧郁症抗争的文章。他还写过一篇文章，描述了如何使用电休克疗法（震荡疗法）治疗那些对其他疗法毫无反应的忧郁症患者。

同时，他在精神病治疗领域结交了许多朋友。有一天，一位消息提供者约他出来并告诉他，司法部正在对弗吉尼亚州立中央医院两名病人的死亡进行调查。据称，两人都是在被关禁闭时死亡的。

"我在心理卫生领域发展消息提供者所做的大量工作终于奏效了，因为他们可以把这些消息透露给《华盛顿邮报》、《时代周刊》，或是我们（美联社）。我想，他们之所以选择我们是因为我一直与他们保持联系，因为我一向对他们开诚布公。"那个电话以及后来《警告的责任》这个备忘录的出现都应当归功于巴斯克维尔长期不懈的努力。

对巴斯克维尔来说，如同一把枪在开火后枪口总要冒烟一样，这两名病人的死亡恰恰证明了中央医院的病人遭受到了不公正的、甚至是残暴待遇的最好佐证。然而，他需要更多的证据。

格洛丽亚·亨特利究竟是何许人？除了知道她是一位来自里士满的31岁女士外，他对她一无所知。灵机一动的巴斯克维尔查阅了《时代周刊》快讯在亨特利死后的几天内报道过的消息。结果，他找到了亨特利的讣告以及她家人的姓名。

巴斯克维尔曾试图获取亨特利的病历，但却遭到了官方的阻挠。根据有关为病人保密的法律，只有她的家人才可以接触这些文件。然而，他所不知道的是，她的家人也一直在努力获取上述文件，但却没有成功。

"我和当局谈过多次，恳求他们提供一些信息，以使这篇报道完整。但是，他们没有提供任何信息，除了说"无可奉告"就别无他言。对于我来说，他们的所作所为就好比水中的血腥味对鲨鱼的吸引，反而使我更努力地工作。"

1997年的情人节，巴斯克维尔陪同亨特利的祖母、母亲、姐姐以及嫂子突然造访中央州有关部门，要求索回她的记录。

那天的场面十分紧张，巴斯克维尔告诉州政府官员，无论如何他都将对此事进行报道：或者根据这些记录对事件报道，或者对他们如何拒绝交出记录进行报道，因为这份记录属于格洛丽亚的家庭。

15分钟后，弗吉尼亚州首席检察官介入这次纠纷。巴斯克维尔和格洛丽亚·亨特利的家人终于得到了他们想要的东西。

他们围坐在一张长桌旁开始翻阅这些记录。"看这儿，"亨特利的嫂子佩齐·格里格斯叫道。她发现了有关亨特利被关禁闭的记录。

"关键是她生前的最后几个月里到底发生了什么，"巴斯克维尔说道。

记录如下，她在生前的最后一个月被禁闭300个小时，包括两次长达四天半的禁闭，而此前她的医生曾警告说，由于患有心脏病、哮喘以及癫痫，她很可能会在禁闭中死亡。

巴斯克维尔的报道发表数天之后，在弗吉尼亚州心理健康委员会主席命令下，成立专门小组对中央医院中病人权利是否受到侵犯进行了调查。六个月后，州心理健康专员提出了辞职。最终，司法部针对中央医院虐待病人导致病人死亡的事件发表了措辞严厉的报告。在这过程中，巴斯克维尔的一位消息提供者定期将消息传真给有关当局，引导他们开展调查。

他继续对发生各州立精神病院的事件进行报道：病人斯坎达·纳佳在北弗吉尼亚州心理健康中心因未得到及时治疗而死亡（两个月后，这所医院半数医生被开除）。穆拉·巴顿，西部州立医院一位患有呼吸疾病的病人认为自己快要死了。两天后，她真的死了。可是，医院却以替病人保密为由拒绝向巴斯克维尔提供任何资料。

"我知道穆拉是在那个楼里死的，"巴斯克维尔回忆道，"所以，离开医院主楼后，我径自来到那里。在楼梯上，我碰到了一些病人和工作人员，我问他们是否认识穆拉。'当然，'他们说，'她住在二楼。'"

"我若无其事地来到二楼，毕竟这里是公共场所。门没有锁，于是我便走进病房并问谁认识穆拉的室友。结果，我问的那个人恰好是穆拉的室友。她告诉我，穆拉死时她在洗手间。"

就在这时，巴斯克维尔被赶出了医院。

"你必须要有厚脸皮。我不厌其烦地打电话给州长办公室、心理健康专员或是其他的什么人，并且提出各种棘手的问题。如果他们因此而讨厌我，那就随它去吧。我不在乎，我不会有什么想法。我不认为这是一种才能，这可能是一种病态。"他一边说，一边自己发笑。

⑳ 〔调查〕

漂亮的马儿

INVESTIGATIONS:

ALL THE PRETTY HORSES

她跟踪了那些为牟取私利而将过剩的马匹出售给屠宰场的该保护计划的工作人员。有些人态度十分粗暴，当一名工作人员逃进办公室与他的同事商量对策时，门多萨也跟了进去，并要求加入他们的谈话。

拯救马群的计划将马群带向了毁灭

美联社记者玛莎·门多萨

里诺，内华达州（美联社）一项投资数百万美元旨在拯救野生马群的联邦计划却把成千上万的野马送进了屠宰场。在那里，它们被加工成了盘中美食。

那些因此而获利的人，包括了来自土地管理局的政府雇员，而该部门正是这个项目的管理机构。

以上是美联社对美国保护野生马群及野驴联邦计划的调查结果。自从25年前国会通过这项计划以来，已有16万5千匹野马及野驴被圈养，总投资已达2亿5千万美元。

这项计划的目的是为了保护以及有效地管理生活在公有土地上的野生动物资源。因为在那里，它们经常与牛群争夺食物。具体的实施办法是：首先将部分野马圈养起来，然后让公众领养。

　　　　　　20 调查：漂亮的马儿

然而，法律却不禁止马匹的所有者在领养之后将它们卖给屠宰场。将年迈或者残疾的马匹送入屠宰场是合理的。但是根据屠宰场工作人员的记录，几乎所有被送入屠宰场的原属土地管理局的马匹都还是壮年和健康的。

　　按照该计划的规定，任何人都可以以每匹125美元的价格在一年内最多领养4匹健康并被注射过疫苗的野马。如果领养者能在领养后的一年里给予马匹良好的照料，他们将获得对马匹的所有权并得到土地管理局颁发的一纸精美的标有固定识别号码的证书，这个号码将被印在每匹马的身上。

　　"我们的工作是为了使人们能为自己的马匹而感到骄傲，"土地管理局的一位女发言人戴伯·哈林顿在俄克拉何马称，"这些颁发的证书可以装在相框里挂在墙上。"

　　利用这些固定的识别号码和电脑记录，美联社跟踪调查了超过57匹来自土地管理局的野马。这些马匹从9月起便被卖往美国和加拿大的屠宰场，其中的80%都不足10岁，25%不足5岁。对于马来说，10岁并不老，许多20多岁的马仍然可以健步如飞。

　　位于俄勒冈州雷德蒙的西卡夫屠宰场场主帕斯卡·戴德从文件夹里拿出一捆土地管理局颁发的证书。据他解释，这些证书来自屠宰场近期屠宰的马匹。马肉制成品已被运往比利时了。

在不远处，一匹原属土地管理局的马正被挂在肉钩上，屠夫正在将瘦肉切割成可包装的碎块。

"星期五屠宰，星期一加工，星期四我们就将产品装车并空运到欧洲，"戴德说，"星期一在比利时出售，星期二被食用，星期三又归入了尘土。"

"真是可悲，"居住在犹他州蒙特塞罗的土地管理局前雇员派特·斯蒂勒说道，"你把野马圈养了起来，但对它们感兴趣的却是一帮唯利是图的家伙。"

当被问及美联社的有关调查时，国土管理局负责每年投资1,600万美元保护野马及野驴计划的主管汤姆·伯格尼克承认，90%被圈养的马匹（每年有数千匹）遭到屠宰。

难道一项原本旨在拯救野马（美国国土的象征）的计划已演变为一套供应食用马肉的生产线？

"我们可以换一个角度来看这个问题，"伯格尼克说，"我们毕竟不能任由它们在野外生活，这些牲口必须离开那些牧场。"

美国怀俄明州前参议员克利福德·汉森当年是该计划的议案提出者。现在，他希望自己的名字能从这项法案中被永远删去。

"这项法律是为了使人们认识到野马及野驴的重要性，结果却变成了对国家资金的浪费，"现已84岁的汉森说，

　　　　　20 调查：漂亮的马儿

"这是我听说过的最不可思议的事情。"

政府平均花费1,100美元用来圈养、接种、标识并寻找买主来领养每匹马。领养者购买一匹健康的马需要125美元，如果是残疾的马匹则只需25美元甚至免费。拥有马匹之后一年，领养者便可自行将它们卖给屠宰场，每匹马可获得700美元。

在每匹马身上，政府花费了1,100美元，而领养者可获利575美元。

买主不愁没有需求，亚洲和欧洲对美国马肉一直有很大的需求，那里很少有人像美国人那样对动物富有同情心。

现在，由于对疯牛病的恐惧，欧洲对马肉的需求有所上升。来自比利时的路克·冯·德米说，西卡夫屠宰场属于他的有100年历史的凡尔德马肉加工企业所有。

美国统计局的调查显示，1995年的马肉出口数量是4,200万磅，平均价格为每磅62美分。1996年，这个价格升至80美分而且还在继续上涨。法国和比利时是马肉最大的买主，其他还有日本、瑞士、意大利、荷兰、墨西哥、加拿大、瑞典、新西兰、澳大利亚、俄罗斯、巴林、阿根廷以及中国。

由于法律并没有禁止被领养的马匹被送往屠宰场，于是，对于土地管理局官员领养并出售野马是否合法，在有关政府官员中出现了完全相反的观点。

美联社将电脑中的马匹领养记录与土地管理局的雇员名单进行比对，结果发现200多名管理局的现雇员领养了600多匹野马。

面对美联社的询问，其中的一些雇员说自己并不知道这些牲口的去向，有些人承认其中的一些马匹被卖给了屠宰场。

在怀俄明州的罗克斯普林斯，维克多·麦克达蒙负责管理土地管理局的畜牧场，他的下属负责在怀俄明州的露天牧场圈养野马并进行标识和安排领养。他们拥有的野马数量大约有上万匹。

根据土地管理局数据库的记录显示，麦克达蒙领养了16匹马，他的现任妻子领养了9匹，他的孩子领养了至少6匹，他的情人领养了4匹，他的前妻领养了1匹。他在畜牧场的同事以及他们的家人一共领养了54匹。

他们领养马匹的价格是有折扣的，有的甚至是免费的。当一匹马受伤、年老或者不可能被领养时，它就会被折价出售。作为这里的负责人，麦克达蒙有权决定一匹马是否可以折价出售。

一匹据称将要"折价出售"的野马甚至曾为麦克达蒙在去年的全国马匹展示会上赢得了一等奖。但麦克达蒙称这匹马之所以被折价是因为它后来伤了一条腿。

在一个寒冷的日子里，马匹的水槽中弥漫着蒸汽。麦克达蒙正和他的经理们坐在被白雪覆盖的管理局办公室里。他说，他不能对自己领养的所有马匹负责。

"我不做跟踪调查，"他说。

他的妻子卡萝·麦克达蒙，一位酒店服务员说，她不知道大部分以自己名义领养马匹的去向。

"我只是填表，维克（维克多·麦克达蒙）将它们带走，"她说。

一些马匹落到了德尼斯·吉夫德手中，他是怀俄明州洛弗尔的一个农场主和牛仔竞技承包人。由于非法圈养野马，他被禁止领养野马。根据法庭记录，他还被指控在没有州政府许可的情况下出售牲口。

他承认自己曾试图将麦克达蒙的野马驯养成竞技牲口而且他确定其中的一些遭到了屠宰。

"它们总要在某个地方死去，"吉夫德说。

一些麦克达蒙的同事知道所有领养马匹的去向。例如，吉姆·威廉姆斯便租借土地来饲养自己与朋友从亚利桑那州领养的野马。他在拍卖中出售多余的马匹，这些马匹将被用做运输工具。他每年靠马驹能赚几千元钱。

"我当然想赚钱，"威廉姆斯边说边跺着他那粘着泥土的靴子。

"这有什么错吗？这是合法的，不是吗？"他问道。

根据联邦法律，美国政府官员不允许假公济私。美国政府道德规范办公室称，这意味着土地管理局的雇员不得参与任何牵涉个人经济利益的属土地管理局管理的项目。

然而，内政部华盛顿特区道德规范办公室的官员盖博·鲍勒却称，对于管理局的雇员来说，领养、饲养野马直至获得所有权并出售获利是完全合理的。

事实上，1995年11月的一份土地管理局内部备忘录写道："鼓励雇员个人领养并驯养野马。"

"领养马匹时，他们的身份不是政府官员，"鲍勒说，"而是普通公民。"

"对于是否违法的问题，有关法律在这方面的规定显得含糊不清，"土地管理局女发言人哈林顿在俄克拉何马宣称。

于是，管理局的官员们可以继续领养野马。

来自俄勒冈州贝克城的管理局农场管理专家迈克尔·伍兹和他的妻子从1992年起领养并出售了4匹野马。其中，一匹头部有一块星形标记的黑色母马于1992年在东俄勒冈的高地平原被围捕时还是一匹马驹。根据美联社在加拿大阿尔伯达的麦克劳德堡的卡尔加利博瑞出口有限公司的屠宰场发现的标识牌，这匹马在1996年被屠宰。

伍兹称，去年这匹母马伤了腿并无法工作，所以他将其出售。

"我向你保证我并不想把它卖到屠宰场，"他说，"但当时唯一感兴趣的买主就是那些向屠宰场卖马的人。"

伍兹不愿说明自己花费了125美元领养的马匹的出售价格。

联邦政府正在重新审议土地管理局的这项计划，其间将进行两次审查并向国会提交两份报告，审议预计在1997年完成。

"我欢迎审查，"正在内华达州里诺市改装一座仓库的伯格尼克说道，"这将会起到一定的作用。"

伯格尼克说，他希望报告和审查能帮助他了解这15,600匹野马及野驴的去向，这些动物曾被土地管理局认为属于在西部的10个州游荡的"过剩资源"。

上述数量的野马不包括几年前因受到批评而关闭的俄克拉何马一养殖场里被屠宰的1,100多匹野马，也不包括在各地的领养安置中心里等待领养的数千匹野马。

从1992年起，土地管理局未能依照法律规定，每两年向国会提交有关野生马群及野驴保护计划的实施报告。自从克林顿总统执政以来，政府关于野生马群及野驴的咨询委员会就不曾召开过会议。土地管理局官员解释说，这是由于没有足够的工作人员。

"我们在工作，因为我们关心这些动物，"伯格尼克说，"它们是美国的珍宝，我们要保护它们。当然，我们还有很多事需要做。"

当她第一次被派去出席新闻发布会时，玛莎·门多萨才进入美联社仅仅两个星期，其中还包括了在新墨西哥州的一个多星期。在新闻发布会上，一群激动的动物保护主义者宣称，他们有证据表明一项旨在保护野马及野驴的联邦计划已违背了初衷。他们称，如果有需要，他们将揭开这个黑幕。

参加这场新闻发布会对玛莎来说是一个巨大的失败。当她抵达那里的时候，一位组织者称她是一名联邦特工并禁止她入内。于是，她出示了自己那崭新的美联社工作证，但是他们不相信她。那位组织者指着她的牛仔裤说，如果她想混进发布会至少也应该换一身记者的服装。

玛莎被他吓坏了。她在报社工作过，也当过教师，但在美联社工作还是第一次，她不想因为自己的着装（我必须指出，穿着牛仔是当时的时尚）而不能完成这次简单的报道任务。于是，她恳求另外一位组织者给予帮助。

"当时，一位真正想混进场的人——一名伪装成电台记者的内政部的工作人员——却被当场识破，"门多萨说，"动物保护主义者抓住了她，于是她便竭力地叫喊。此前信誓旦旦要揭开黑幕的那些人，听见尖叫声，就马上离开这栋建筑，"整个发布会很快变得一片混乱。

门多萨因此遭到了批评，但是她对这件事的兴趣却被激发了起来。之后的几个月里，她被派往阿尔伯克基分社担任负责人。但她总却仍然关心那些关于野马的呼吁，并且读了不少关于土地管理局的那个计划的报道。

不久后的一个夜晚，她在办公室里收到一封信。这封信出自前面提到的那位想混进新闻发布会但被识破的内政部工作人员之手。她在信中说，检察官已经调查过有关野生马群及野驴保护计划的指控并断定能够找到"违法的证据"，但是尚未提出指控。所以，目前没有这方面的报道。

"违法的证据"一词引起了门多萨的注意。于是，她打电话给土地管理局的一些雇员、动物保护主义者以及屠宰场。她断定，其中必有蹊跷。

在自己过去报道的基础上，她建议美联社开展一项调查性的项目。

"给我几个星期的时间，凭借言论自由法案的支持，我能掌握所有被圈养的野马及野驴的资料，这些野生动物此前曾被认为有了很好的归宿，"她说。

"通过查阅政府雇员的资料，我能知道谁在土地管理局工作；美联社的电脑会帮助我了解其中的哪些雇员领养了野马。然后，从屠宰场那里，我可以搞清楚哪些野马被出售了而不是被带回马厩饲养。"

这就是她的计划。

美联社新闻编辑培训主管芭芭拉·金说，门多萨能开展如此规模的项目一点也不奇怪。当被问及谁是她职业生涯里接触过的最优秀的记者时，玛莎·门多萨是进入她脑海的第一个名字。

"她有强烈的求知欲以及对新闻报道的敏感性，"金说，"在报道中，她会尽力发掘所有的消息来源，不放过任何事件的背景资料。"

门多萨的报道计划获得了批准，但却不能马上开展，因为必须有人先临时代替她在阿尔伯克基的工作。

另外，她还需要时间进行报道前的准备工作。她必须首先了解言论自由法案的具体规定、制定行程以及与屠宰场取得联系，以便自己能亲眼目睹野马是如何被加工成马肉制品的。

"我不知道自己会发现什么。有关提出指控的说法可能是空穴来风。我和编辑非常清楚，我的目的不是去挑毛病而是了解这项计划是否反映了国会制定该法案时的初衷，"门多萨说。

报道过程持续了一个月，其间有过好几次反复。她本以为这种对一项未能正常运作的联邦计划的报道轻而易举，但她在纽约的编辑鲍伯·波特却十分清楚，这一切远没有那么简单。同时，马匹引起的浪漫主义幻想也赋予这个报道强烈的情感因素。

门多萨来到野外的野马围捕场。这里确实令人叹为观止：成群的野马在草原上呼啸，直升飞机在上空盘旋。与这些动物有着良好沟通的牛仔们，以极大的耐心将它们驱赶上卡车。天气非常冷，门多萨吐出的唾液甚至在空气中就已经结冰了。

"屠宰场里的情景令人瞠目，这些马匹被以惊人的速度和效率屠宰了。马肉被保存在无菌的环境里，这里寒冷而且干净。装着马肉的暗红色的包装袋被运往比利时、法国以及其他地区供食用。一家屠宰场的场主——一名资深的兽医对野马也充满了同情：他不想它们遭受痛苦，他惊诧于认为食马肉是一种亵渎的美国人对于食用其他动物却无动于衷。"

她跟踪了那些为牟取私利而将过剩的马匹出售给屠宰场的为该保护计划工作的人员。有些人的态度十分粗暴，当一名工作人员逃进办公室与他的同事商量对策时，门多萨也跟了进去，并要求加入他们的谈话。

但其中的大多数人还是很有礼貌的："当然，当被问及他们以100美元领养的野马是如何转手以800美元的价格卖给屠宰场的时候，他们就可能不会那么有礼貌了。但是，他们在为该计划工作时获得的薪水确实很低。因为仍在野外生活的野马大大超过了领养者的需求。对于这一情况，有关管理部门一直无法投入足够的资金。"

她是通过电脑中的有关记录找到这些雇员的。在这些记录中，甚至包括了每一匹被出售和被屠宰的野马的生理特征，如"脸上带有星形标记的黑色母马"。

"我的所见所闻只是为这篇文章起了润色的作用，它的核心内容却来自于各种记录，"她说。她不厌其烦地向土地管理局索取各项记录，以至于管理局最终主动邀请她在官员的监督下自己翻阅档案。在亚利桑那州的办公室里，她用几天的时间来梳理这些记录。

"我们发现了是哪些人将马匹出售给了屠宰场。发现了这项计划竟然在4年里连一份年度报告也没有。发现了曾经开展过的，但至今尚无结论的一些调查。最后，我们在这个事件中，发现了所有调查类新闻共有的特征——没有反面人物，有的只是各种复杂的关系。"

"没错，有人可能违反了法律，而且该计划确实违背了国会的初衷。然而，事实上，执法部门的执法不力和资金的缺乏使国会的决议不可能得到切实的执行。动物保护主义者对屠宰场以加工马肉谋利感到愤怒也是有道理的——在他们看来，那些供食用的生物是美丽的、有思想的朋友。

"然而，屠宰场也是在做他们分内的工作。除此之外，能用什么办法来处理这些被抛弃的马匹呢？谁在乎他们呢？哪里可以埋葬它们的尸体呢？"

报道这样的故事就像穿越雷场。"我们清楚该事件颇富争议性，我们想确保自己所做的是正确的，"门多萨说。她和编辑们紧密合作，写作并修改报道，高级编辑们还必须进行校对。每一个细节都经过反复的核实。

正如波特预计的那样，这个故事一石激起了千层浪：美国参议院立即就此展开了调查，该保护计划的主管被撤换，有关领养马匹的规定也做了修改。

但是也有意想不到的消息：门多萨曾造访的屠宰场被动物保护主义者烧毁。

门多萨继续她的报道。继这次成功的报道之后，她又投入到新的项目中：核废料问题、雇佣童工问题、普利策奖获奖新闻——对朝鲜战争中美国宪兵屠杀平民事件的调查。

所有这一切都是从一场混乱的新闻发布会开始的。

INVESTIGATIONS:

DOCTORS AND TOBACCO

一名心脏病医生向我倾诉他是如何愧疚以及自己如何邪恶。后来他又来电话威胁，如果我透露他的姓名，他将起诉我。

　　通过提出各种问题，布莱德可以在打电话时判断出这其中是否有蹊跷。他也理解，不是所有的医生都很富裕，他们当中的一些人只是继承了土地。

医者种植"杀人草"

美联社记者阿伦·G.布莱德

罗利，北卡罗来纳州（美联社） 尽管长期遭到警告、同伴的蔑视以及自己良心的谴责，在这个国家仍然有许多医生拥有成吨的烟草，并从中获利。

在他们中间，有告诫儿童远离烟草的家庭医生、治疗毒瘾的心理医生、诊断恶性肿瘤的肿瘤医生以及切除它们的外科医生。

一位拥有烟草的医生是当地美国癌症协会的常任主席，另一位则主管当地的公共卫生部门，还有一位是一家报纸的医学版撰稿人。

这些人中，几乎没有人吸烟。

"我不吸烟，"一位来自肯塔基州帕迪尤卡的整形外科医生史提芬·杰克森说，"我的意思是，它会杀了你。"在政府的许可下，他每年与人合作种植1,400磅伯莱芋烟草。

所有这些医生都告诫他们的病人不要吸烟和咀嚼烟草。

"我每天都为这些烟草烦恼，我快要疯了，"一位来自南卡罗来纳州的家庭医生理查德·罗素说道。他的农场可获得超过1,100磅烤烟的种植配额。

可是，根据美联社一项分析报告，他们只是760多名拥有联邦烟草种植许可（被称为分配量或配额）的医生及医护工作者中的一部分。他们遍布23个州，从佛罗里达到阿拉斯加，从马萨诸塞到加利福尼亚。

有些医生只有少量的政府配额——每年21磅，而一名来自南加州的医生却有932,000磅的配额。

据称，这些医生们控制了超过7百万磅的烟草产量——足够一年生产1亿9千3百万包香烟。此外，他们还种植了近29万磅各种烟叶，这些烟叶被用于咀嚼以及包装雪茄。

按照去年的市场价格，他们的烟叶价值约在1,300万美元，尽管相当一部分钱落入了家庭成员、佃农以及农作物出租者的腰包。

对于那些发誓不伤害别人的专业人员来说，这些数字是令人"震惊和失望"的，医学道德规范学家阿瑟·开普兰说。

"我想，你无法争辩的是，在你明显地带来健康威胁的同时，你将会获利，"宾西法尼亚大学生物道德规范学中心主任开普兰说，"作为医生，拥有、种植并生产烟草会给人们传递一种完全错误的信息，尤其是在一些小型社区里。"

在这样的小型社区里成长起来正是这些医生和烟草纠缠不清的原因。即使如此，他们中的一些人还是为此感到不安。

埃德温·诺里斯大夫深信，他父亲一天抽三包烟的习惯是导致他早死的原因——53岁的他后来死于冠心病。作为田纳西州代顿镇的一个普通医师和美容外科医生的他确信，自己按照配额生产的1,925磅烟草正在毒害其他人的父亲。

"即使这是合法的，"诺里斯说道，"我们仍应该对此产生的部分后果负责。"关于生产烟草，他的解释是，代他种植烟草的邻居需要靠此维持生计。

其他医师购买农场是作为投资，而且他们承认烟草加工增加了自己的收入。

尽管将自己的烟草种植权租让给农夫后，他们就只能从每磅烟草获得5—15美分的收入，然而配额却有助于抵偿债务以及使土地增值。根据来自华盛顿的消息，每磅烟草的联邦政府购价约为8美元，于是，这些叶子使他们的资产得到了增值。

"我太贪婪了，"当被问及如何在清楚烟草可以"杀人"这一事实的情况下仍然决定保留自己6,500磅烟草配额时，一位来自田纳西州纳什维尔的心脏血管外科医生乔治·布诺斯这样说道。

"我对这些烟草的出售不够关心，是因为我不认为自己是在生产麻醉品。"

通过反复核查联邦各烟草种植州中有医务人员参与的烟草种植农场的资料，美联社发现了这些医生的身份。为了进行验证，美联社和许多医生进行了电话核实。

听到"烟草"一词，一部分人马上挂断了电话，但大部分人还是在电话里表达了自己矛盾的心态。

威廉·格林斯比在谈到医生种植烟草这件事时，用了"彻底的精神分裂"这样的字眼。

"这确实是在发疯，但是我会告诉你这样做的原因，"来自田纳西州金斯波特的一位拥有3,700磅配额的外科大夫说，"几乎只有那些从小在农场长大而且他们的亲属也生活在那里的医生才会种植烟草。"

理查德·凯尔霍就是其中的一位。他从小在种植烟草的农场里长大，卖烟草赚来的钱供他读完大学和医学院。

每逢星期三，当其他的医生都在打高尔夫球时，穿着工作服、戴着棒球帽的凯尔霍却驾驶着一辆破旧的红色平板卡车巡视着他位于北卡罗来纳州西部山脚下的烟草农场。他饲养牲口，种植干草、圣诞树以及约7,000磅的伯莱芋烟草。

"烟草是北卡罗来纳州一份令人自豪的遗产，"正在与田纳西州交界处忙着开发的凯尔霍说，"我希望保留属于自己的那一部分。"

所以，他在向自己的三个孩子（分别为9岁、11岁和13岁）讲述吸烟危害的同时也明确告诉他们，他们也要帮忙经营农场。

"他们仍然年少，但他们明白什么是辛劳以及烟草可以增加农场的收入。"

他清楚自己所种植的作物与所医治疾病（从癌症到心脏病）的关系。这难道不矛盾吗？

"我确实认为烟草危害人们的健康，"凯尔霍回答说，"但更重要的是，我认为作为美国公民，我有选择的自由，而且，在这个问题上，政府的规定不应该妨碍这项权利。"

胸科医生小温德尔·列维在45年的职业生涯中切除了许多癌变的肺脏，但是他却不同情那些吸烟者。

"我认为，如果他们蠢到去吸烟，那是他们自己的事，"作为南卡罗来纳州一个烟草种植者，列维说，"我没有时间对这样的事情感到愧疚。"

他的确在敦促病人戒烟，"但是这并不起作用。"

然而，甚至一些种植烟草的医生也承认，对于那些沉溺于尼古丁的人来说，戒烟并不在他们的选择之列。

一位来自南卡罗来纳州哥伦比亚市的家庭医生威廉·高斯说，就在美国的外科医生们首次发出吸烟威胁健康的警告之前不久，他戒除了吸食雪茄。但是，他明白这对其他人来说是多么困难。

"戒烟比戒毒还要困难，"高斯说。

尽管如此，他说，自己对于家族祖传三代的3,000磅烟草配额可能加重多少人的烟瘾从没有多想。

"我现在有许多其他事情要做，"高斯说，"我从没有真正坐下来思考此事。当我思考时，我可能会那样想，如果我思考的话。"

其他人曾经思考此事，而且思考过很久。

一位来自肯塔基州欧文镇的拥有900磅配额的家庭医生约翰·帕特森，已经对此进行了反省。

他负责着肯塔基州医疗协会与两个农场卫生组织之间的联络。他说，自己每年从烟草上赚得的230美元都用来支付途中的汽油费。他正想办法帮助种植烟草的农夫们种植替代作物。

"我认为问题是作为一个医生，我们都做了什么？"帕特森说，"这就是我解决道德困惑的方法。"

伊丽莎白·沃德觉得自己好像是烟草的俘虏。

沃德是一位来自北卡罗来纳州威尔明顿的助理医师。两年前，她目睹了自己已戒烟15年的父亲渐渐患上了由吸烟导致的肺气肿。

几乎就在同时，沃德购买了姑妈的一座农场，因为它邻近她母亲的地产。租借沃德母亲烟草配额的农夫说，只有继续租用沃德拥有的烟草配额才能继续与其母的合同。

"我是一名反烟草的斗士，"沃德对病人说，"每天，从早到晚，我都在与那些由于自己的恶习而患病的人进行交谈，而我却在间接地纵容这些恶习的滋长。"

可是，沃德的母亲却希望在忙碌的农场中生活。于是，沃德继续经营这项业务并且每年从烟草交易中可获得300美元的租金。

许多医生因烟草获利的数目远多于此。

在一次电话采访中，彼肯斯·默德回答了几个问题。但是当这位来自南卡罗来纳州哈兹维尔的外科医生被问及2,000磅烟草配额为他带来多少利润时，他那南方口音里却透露出一丝愤怒。

"我能告诉你什么，"他对记者说，"只要你肯寄给我一张支票，弥补我一半的损失，那我宁愿负担另一半损失……停止这项事业并不像你说的那么轻松。"

来自匹兹堡的家庭医生弗兰克·塞森同样对此表示反

感。在他祖传的北卡罗来纳州的农场里，他经营着属于自己的2,200磅烟草配额。他说自己并不是社会问题的一部分。

"老兄，我有很多病人，他们总是为自己的行为——酗酒、吸毒、吸烟、暴食寻找借口，"塞森说。他是一个钢铁工人10个孩子中的一个。"我现在身体超重，但我不会因为在番茄酱中添加食糖而归罪于番茄酱的发明人。我只责怪自己，因为我太贪吃了。"

来自密苏里州开普吉拉多的肿瘤医生斯坦利·萨兹那的距离肯塔基州几小时路程的农场，可以生产3,200磅烟草。他与一位照料这些作物25年的邻居分享由此获得的收入。

但是，他对由于医生身份而遭到的质问表示不满。

"你可以说在南达科他和北达科他州种植大麦（供应啤酒商），实际上也是在生产那些破坏人们生活的产品。问题在于我们如何看待这个问题。"

"人们往往不知道自己的所作所为都留下了文字记录，所以只要找到了这些记录，任务就完成了一半，"美联社东南地区记者阿伦·布莱德说。

他说，关于医生与烟草种植者，值得注意的是他们都必须获得政府的许可。将持有烟草种植许可的人员记录与肯塔基州持有行医执照的人员记录进行比对是肯塔基州的《来克星顿先驱导报》提出的。但是，布莱德却更进了一步，他想知道全国有多少医生在种植这种导致最严重的全国性健康问题的作物。

这不仅仅是敲击电脑键盘这么简单。

经过几年的拖延，美国农业部最终公布了烟草种植许可持有人的资料。在对12个实施政府管理烟草价格的州——佛罗里达、佐治亚、印第安纳、肯塔基、密苏里、北卡罗来纳、俄亥俄、南卡罗来纳、田纳西、弗吉尼亚、西弗吉尼亚以及威斯康星进行了调查之后，布莱德得到了上述州注册医师的名单。

大约300个名字，"包括姓名缩写和地址，完全吻合，"他说，"但是，许多医生在美国农业部以及州医疗委员会登记时使用了不同的名字和地址。有时，尽管地址相同，名字却有细微的差别。"

于是，尽管得到了来自诺克斯维尔（田纳西州）以及路易斯维尔（肯塔基州）美联社工作人员的帮助，布莱德仍需自己通过电话来核实成百上千的医生是否同时是烟草种植者。这些交谈有时是不快甚至是怀有敌意的。

勤奋、执著的布莱德完全能胜任这项工作。他在首次采访后经常与被采访人保持联系以"消除疑问并经常确认记录的内容"。

"事实上，"他说，"有时我担心自己过于频繁的致电会让他们收回一些已经说过话。我的纠缠甚至遭到过漫骂。"

他极端注重消息的准确性。例如，"采访时，我边录音边输入，并且不断检查内容。即使个别单词出现了错误，我也会马上进行修改，因为我容易忽视细节，所以我总是担心出错。这也是我一直反对修改人物谈话中的语法错误的原因之一。我知道有人觉得我们不应该直接引用含有语法错误的人物谈话，因为这是对人物形象的一种丑化。然而，我认为如果仅仅为了纠正语法错误而修改谈话，这恰恰等于承认他们犯了错，这更是一种丑化"。

对布莱德来说，打这些电话不仅是为了进行确认，而且也使他能及时从名单中删除那些已经停止种植烟草或已将土地出售的医生。

就这样，他打了一个月这样的电话。其中的一些十分简短。"开始，我打电话给医生的办公室："我有某医生的另一个电话或地址，我能确认一下这是不是同一个人吗？'于是，他们给我肯定或否定的回答。我就是这样进行核实的。"

可是，有些人却不愿提供地址，他们会问："你为什么想知道这些？"所以，他不得不回答："我只是查查他是否种植烟草。"

每当他与医生在电话中交谈，他便问对方是否是烟草种植许可名单中的人：这不是你父亲或儿子的名字？随后，他便伺机提出一些挑战性的问题：对于种植烟草和它可能带来的危害，你们是怎么看的？

"通过提出各种问题，我可以在打电话时判断出这其中是否有蹊跷。"他说道。但是，他也理解，不是所有的医生都很富裕，他们当中的一些人只是继承了土地。他的父亲就是一名大夫，他明白存在是否应该对医生采取较宽松的衡量标准的争论。

最后，他允许医生们在报道中自我陈述对该问题的看法。一些人在他表明身份和来电原因之后便挂断了电话。但是，在那些愿意接受采访的人中，有些人感到愧疚，有些人却没有。许多人没有思考过这个问题，而有些人却深谙问题的各个方面。

"所以，实际上是他们完成了这个报道，我只是在传达他们的话，并在某种程度上作出判断。"他说。

其中的一些电话让他得到了更多的消息来源。在一次与一名南卡罗来纳州医生的丈夫的通话中，他建议布莱德打电话给另一位来自南卡罗来州弗洛伦斯镇的大夫："这个家伙拥有一百万磅烟草配额。"结果这个事实为该报道提供了有力的补充。这位丈夫以自己和妻子的名义种植一部分烟草并将剩下的部分出租。

"有些医生很震惊，"布莱德说，"一名心脏病医生向我倾诉他是如何的愧疚以及自己是如何邪恶。后来，他又来电话威胁，如果我透露他的姓名，他将起诉我——他声称他不想因此危及自己的工作。我在报道中将他删除。因为尽管他的观点适合报道，但我认为不值得这样做。我并不是担心被起诉。我只是觉得使他因此而陷入困境是没有必要的。作为一个人，我不愿因为我自己而对他造成无谓的痛苦。但是，我也警告他：'你碰到的下一个记者不会像我这么仁慈。'"

不用再打电话使布莱德感到解脱。计算机专家德鲁·沙利文参与了资料的调查并发现许多"大夫"、"医学硕士"的头衔。然而，布莱德清楚地知道自己打的电话不是徒劳。他热爱的是报道，查阅资料数据库只是成为了他另一项有力武器而已。

"在以前的每个报道中，我都会发现多出了一些新科技、新手段。如果我早就知道如何利用它们，我会轻松一些。例如查看税收记录和观察事件记录，它们往往会使你有意想不到的发现。看着财务解密报告或者统一的商业代码清单或者房地产档案，你将会发现一个新思路、一位新的采访对象。"

他说，报道"充满挫折和挑战。我经常被告知'无可奉告……'我只是喜欢挑战"。

㉒

神奇的因特网

USING THE INTERNET

在这篇报道中，我选择的工具在最后一批美国直升飞机离开西贡时还没有发明出来，那就是互联网。这篇报道的有关工作几乎完全是在网上完成的。

通过因特网搜索资源的好处是显而易见的。你会发现那些从未在大众媒体上露过面的人。你可能会接触到他们一些深层次的看法，这些至少是可以让你明白哪些是有用的资源。

25年后的越战阴影

美联社记者杰里·施瓦茨

问题是他记不起任何名字。

他于1966年9月第一次来到越南。当时23岁的他是德克萨斯州帕里斯一所中学的辍学生。他在越南度过了半年，返回家乡时染上了疟疾。1967年，他第二次来到了越南。

30年后，罗伯特·布莱克本已是一名退休了的教授，居住在蒙大拿州的米苏拉，从事对这场渐渐远去的战争的研究。

然而，那些名字……

在越南的两次经历中，他目睹了许多可怕的事情，"包括所见和所为"，他说道。直到30多年以后，在睡梦中，在散步时，他的这些记忆仍然折磨着他。

他说，自己忍受着"感情休克"以及模糊的记忆的折磨。

"我记不起在越南与自己一同服役的任何人的名字，"他静静地说。

"越战幽灵已经永远地埋葬在阿拉伯半岛的沙漠中，"

　　　　　　22 神奇的因特网

乔治·布什总统在1991年波斯湾战争后宣称。

但是，事实并非如此。

4月30日将是西贡伪政府覆灭25周年。25年前的那一幕仍然萦绕在人们心头：绝望的难民们拼命地拽住美国直升飞机的起落架。

那时，我们被反复地灌输：我们正将越南送到它该去的地方——历史的垃圾堆，于是我们才能成为自豪、强大以及自信的美国。

然而，我们又一次发现我们仍旧迷失在一个大泥潭中。这泥潭就是被毁灭的生命，我们需时时应对海外抗议和被激情污染了的政治和人际关系。

1976年，吉米·卡特许诺，如果当选，他将赦免那些逃避兵役的人，"以结束这个国家由越战引起的分裂状态"。

这项赦免是他执政伊始的行动之一。25年后，曾于1970—1971年在越南服役的来自新泽西州卡特里特的律师阿伦·康伯却因此仍旧耿耿于怀。

"对于我来说，这就好比扇了每个服役人员一个耳光，"他说。而且还补充道："我告诉你，我也不是简·方达的影迷。"[1]

当我们仍然为当初是否应将越战升级还是停止而争论不

---

1. 越战期间，简·方达加入反战行列。她曾来到北越，访问被监禁的美军飞行员。

休时，那种认为我们可以忘却这场战争的想法可能是最愚蠢的。

"越战将一直是我们生活中的一个主题，直到生育高峰的一代全部逝去，"约翰·海尔曼说。他是《美国神话与越南阴影》的作者。

他说，越战就像内战。那是美国历史上唯一的一段更为分裂的时期。

海尔曼说，19世纪末存在着一种默契：人们尊敬南北双方的牺牲者，崇拜罗伯特·E.李和尤里西斯·S.格兰特（美国内战时期来自南北双方的将军）。我们会忘记那场战争并以团结的姿态进入20世纪，南北战争的幽灵已永远地埋葬在圣胡安山。

所以，在2000年我们为什么反而为南卡罗来纳州议会中出现的当年的叛军旗帜而争论不止呢？

★　　★　　★

"锡兵玩具[1]和尼克松的到来最终使我们只能依靠自己。那个夏天，我嗅出了这种味道——俄亥俄州有四人死亡。"

聆听汽车收音机里传出的几首老歌，使路·萨里开始哭

---

1. 锡兵玩具：在这里引申为"傀儡"，意指那些国民警卫队的士兵是在尼克松的指使下屠杀学生的。

泣。时光倒流到30年前5月里的一个晴天，地点是一个"十分沉闷、寂静的中西部校园"。

当时，他是一名老师。在校长办公室里他得知校园里出现了一些麻烦。他立刻驱车急驰15英里，穿过军事检查站、后院以及行车道。

当他抵达肯特州立大学时，校园空荡荡的。他的女朋友很安全。然而，一场反战示威却已以悲剧收场——在俄亥俄州国民警卫队13秒钟的射击中，4名学生：艾里森·克劳斯，杰夫里·米勒，桑德拉·苏尔以及威廉·施罗德倒下了。

利兹·特罗桑目睹了这一切。她奔向那片喧闹的人群并向士兵们叫喊。"突然，我发现自己被包围了，约有一打的士兵用步枪指着我，"她说道。

在监狱里，她得知艾里森已死亡。艾里森是她来这个学校认识的第一个人。

"我生命的一部分已经死了，"她说。

在1,400英里外的新墨西哥州立大学，一年级学生杰·海彻正在上英语课，这时戴着黑色臂章的老师走了进来："在肯特州立大学广场的集会上发生了枪击事件，马上下课。"

海彻发现自己随着人群拥向后备军官训练队的大楼。他们砸坏了门锁并撕毁了文件。

"一个后备军官训练队的家伙手里握着棒球棍，就是他打了我的头。"

"在那一刻，我的生活改变了，"他说。

他从未支持过越南战争，那和世界大战不一样，那是对人类生命的浪费。

他成了一名嬉皮士，留起披肩长发。他与自己身为退伍军人父亲的关系由紧张变为"憎恨"，几乎到了动手的地步。

他退学了，于是他便面临着服兵役。

为了逃避兵役，他用针扎自己的胳膊以使自己看上去像一个吸毒者；他绝食以至于体重不足115磅；他声称有慢性感冒，必须去看医生；他还捏造自己因在游行中阻碍交通而遭到逮捕。

但是这全都没起作用（他的体重已经减到了112磅）。然而，他说自己最终还是逃脱了，因为那个名额被法庭"占用"了。

1977年，他剪掉了长发并加入了海岸警卫队。20多年后，他退休并回到学校，成为一名历史老师。他又开始留长发并且蓄起了胡须，又在耳朵上穿孔。在威斯康星大学欧克莱尔分校，他被一群年轻人包围着，这些人在海彻成为另类的那一刻（1970年5月4日）还没出世。

22 神奇的因特网

前不久，在一次有关越南战争的讨论会上，他听见一些二十来岁的年轻人认为反战示威可能是不恰当的，而政府是有理由的。

"喂，"他说，"那些人和你们一般年纪，他们也穿着T恤衫和牛仔裤，但是有人却向他们射击。"

谈起和平运动的失败，48岁的海彻还不免有些忧郁。

"我们将改变世界。"他说，"对于那时的我来说，我想不到直到2000年的今天还存在人权问题，吸食大麻仍旧非法，而且我们还是不断卷入海外的冲突中。"

利兹·特罗桑仍然认为越南战争是"非法"的。曾是学生民主协会成员的她做过教师、推销员以及戒毒顾问。现在，她是加州圣克鲁兹的一名财政顾问。在肯特大学的那次遭遇后，她放弃了政治。

"我得到的是一种厌世思想，"她说。

每当选举时，路·萨里便回忆起30年前他所目睹的政治的虚伪性。这位弗吉尼亚州大学53岁的教授对他的小女儿说道，"永远不要与持枪的人群对抗，因为枪杆子总是胜利的一方"。

★　　★　　★

49岁的史蒂夫·沃兹尼克是萨里、特罗萨以及海彻的同辈人。在反战运动时期，他和史蒂夫·乔布斯（后来苹果电脑公司的创始人）向大学生出售用于盗打免费电话的蓝盒子装置。

今天，他声称效忠于科学技术而不是政治。

"很久以前（越战时期）我对自己发誓，我将永不涉及政治，"他说，"人们好像把自己的候选人当选看成是生死一线的事。他们认为那个家伙当选会改善他们的生活。事实并非如此。"

越南战争所导致的厌世主义情绪远没有消散。相反，水门事件、定期爆发的政治丑闻以及其他事件却在年复一年地加重这种情绪。

"尼克松和约翰逊总是在撒谎，"越战老兵罗伯特·布莱克本说，"当时的人们在想：'唉，我们的政府欺骗我们，他们不总是值得信任。'"

有时，你仍然能听见越战恶魔的回音。1998年，芭芭拉·史翠珊制作了一部关于枪击事件的电影。这部影片使查尔顿·希斯顿回忆起简·方达战时的河内之行并反感地称史翠珊为"河内方达的翻版"。

从越南走出的一代，无论是左翼和右翼都不愿将美国的年轻人送往战场。后来的战争都是短暂而有限的——巴拿马、格林纳达、波斯湾或者科索沃。就在美国官员离开越南的1973年，义务兵役被自愿参军所替代。

22 神奇的因特网

然而在比尔·克林顿、奎尔以及乔治·W.布什的竞选中，我们又在对历史的回顾中就义务兵役展开争论。

今年，美国人民第一次拥护一位由于他在越战中的表现而闻名的候选人。

然而，想一想约翰·麦凯恩吧，记者约翰·海尔曼说，人们因为他是囚犯而崇拜他，而不是作为一名战士。这使我们想起在"兰博"系列影片中，美国士兵被描绘为"被野蛮的越南人囚禁的无辜者"。

"我们所要营救的是美国英雄，他们被无缘无故地囚禁，"海尔曼说道。

这很像是美国自身的情况。

★　★　★

"你知道吗，这仍然是未痊愈的伤口，"马克·贝新格说。

父亲去世时他才17个月大。他的记忆里没有关于那个在1966年登上火车从此便一去不返的父亲的印象。

然而，他的母亲却记忆犹新。每当回忆起她的丈夫，美国海军陆战队上尉里查德·路易斯·贝新格时，她都会流泪。

"他是一股清新的空气，"内尔达·休·贝新格·路德维西追忆着当年的情景。

1961年，他们在俄亥俄州莱马的火车站相遇。她当时身着白色套装而身穿一身海军预备队军服的他正在执行任务。她递给他一张纸条，祝他好运。两个月后，他来了一个电话。

1964年，他们结婚了，那时他刚从北俄亥俄大学毕业。他们在第一次相见的车站吻别。9个月后，即1967年5月16日，内尔达·休迎来了两名海军人员。

"我知道发生了什么。他们走上楼梯我便问：'他死了是吗？'他们回答：'是的。'"

她记得那被国旗包裹着的棺材并以作为海军陆战队队员的丈夫为荣。"我是按照他所期望的那样去做的，因为那样会使我好受一些。"

她仍记得自己感到多么孤独。

"没有人愿意和我谈论此事。他们希望我继续生活，"她说。

于是，她便继续生活。1967年，她再次结婚（"他是个不错的人……但是一旦你曾拥有过最好的，一切都会变得很难。"）并有了另外两个孩子。她用作为遗孀的补贴来支撑着这个新家庭。

与此同时，一看见有关越南的报道，马克就想："这就是我父亲战死的地方。"他的祖父母和姑妈不愿再提起此事，因为那是一个痛苦的话题。

然而，马克却想知道更多的东西。他建立了一个网站

　　　　　　22 神奇的因特网

来缅怀父亲，在这里记录了他曾参与的350多次直升机战斗任务。这些战斗日志的目录简短而又煽情（"侦察队员紧急撤退以及另一次侦察作战。该地区'形势危急'。没有人中弹"）。

在网站里还包括一段对他父亲牺牲时的描述："1967年5月12日下午，在执行对空岘地区的一个海军哨所进行紧急补给的任务中，里查德·路易斯·贝新格上尉由于所驾驶的一架编号为YZ—78的UH—34D型直升机在起飞时被敌人的迫击炮弹击中而牺牲。"

"贝新格上尉时年24岁"，而此时无比怀念着他的儿子却已是35岁。

5月，马克将前往越南。他将找寻父亲的足迹并希望自己能目睹当年直升机坠落的地点。

"我只是想借此来怀念他，"他说。

然而，他的母亲却认为他不应该这么做。

"看一看镜子，"她说，"你便会认识你的父亲。"

★　　★　　★

有58,178名美国人战死在越南，他们的名字被镌刻在华盛顿一堵黑色的墙上（19E区，第92行，里查德·路易斯·贝新格）。但是，没有人能准确地估计战争遗孀的数目。

在东南亚仍旧有2,043名美国人下落不明。考虑到生者的感受，所有这些人被认为在20多年前已死亡。

但是，谁也不知道有多少生者还对找寻他们所爱的人充满着希望，失踪战斗人员问题仍然是美越关系发展的障碍，尽管这个数字只是朝鲜战争失踪人员的四分之一，而第二次世界大战有78,976人失踪。

越南战争期间，有3,403,100美国人在东南亚服役。没有人知道，多少人至今仍因此而饱受生理上、心理上以及情感上的折磨，多少人在从这场美国历史上最为人唾弃的战争返回时遭受冷眼。

最后，"我们开始对此感到厌烦"并且要求得到尊重，约翰·基辛格说道，他现在是密歇根州安阿伯的美国越战老兵联谊会的主席。

他曾于1966—1967年在越南担任无线电通讯员。战后，他为福特公司工作，现在已经退休。每逢星期三，他会和其他几位越战老兵一起在伯姆餐厅共进早餐，享受作为越战老兵的九折优惠并谈论高尔夫球。

他们不谈论战争。

"那会使大家情绪激动，"他说。

★　★　★

罗伯特·布莱克本往往直到最后一刻才不得不给那些为完成作业而询问有关越南战争的中学生们回复电子邮件。

在越南的生活是什么样的？"肮脏、恐怖以及令人心碎的，结交朋友时的极度兴奋往往最终以悲剧收场。"你认为这场战争有必要吗？"没有。"

他能告诉他们什么呢？

告诉他们，在越南日复一日的枯燥——季风雨、难闻的气味、负重75磅在高大的草丛中徒步行进以及无处不在的水蛭——伴随着短暂的混乱，数量超过己方的敌人，陆战队员在你身边不断地倒下？

告诉他们，当你第一次返乡后，你试图自杀但却未遂，于是便再次应征入伍希望越共能使自己遂愿？但是由于不愿看到你指挥的年轻人无谓的牺牲，于是自己冲上去拼命？

告诉他们，当听说自己离开后他们被消灭时（因为一枚炸弹而死伤殆尽），你因此而心碎？

他不会告诉他们及任何人发生在越南的悲剧。

"我必须保留一些属于自己的东西，"他说。

他曾进过老兵医院。他抱怨过自己29年婚姻的结束以及由伤病引起的心脏病。他已经完全残废，不能继续教学。

然而，他还在研究越战的伤亡人员。他希望解释每个人——他的情况、谁牺牲了以及怎么牺牲的——以便爱他们的人能知悉，并帮助他们将越战忘却。

但是，他从不幻想自己会忘记这一切。

当越南战争结束时，我是宾州州立大学学生报纸的编辑。由于年纪小，我避免了义务兵役却得到一张印有号码的选择兵役卡，我的号码是186。

当我的编辑要求我写一篇有关越南战争对美国挥之不去的影响的报道时，我感觉自己既合适又不合适从事这项工作。我熟悉那段历史——我曾生活在那个年代——可以在正确的背景下进行分析。但是，我已是如此深地了解越南以至于我无法想象关于那个时代自己还有什么领域没有涉及。

我们经常报道一些过去的罪行、灾难以及重大事件的周年纪念。一些人往往愉快地回顾过去。一些人却提取主要人物，并在当今寻找他们的典型，这是一种"现在他们在哪里？"的方法。我不会采取上述态度。越南战争的人和事从未离我们而去。我如何去告诉读者他们自己有着深刻体会的事实？

越南并没有远离我们，这个事实是个关键。几个星期后，当我进行其他报道时，我开始思考越南如何仍旧是美国的一道风景线。我发觉，对许多人特别是那些生活在40、50和60年代的人来说，越战不是过去时。有些越战老兵感到困惑，但是大部分还是平平淡淡地继续生活。一些年轻的妇女因丈夫的去世成为寡妇，但是她们已渐渐被遗忘。那些反战示威者的生活也被这场战争打乱。他们的生活已经恢复正常了吗？

我不希望这篇报道成为一种炫耀，充斥着越战专家的评论。

　　　　　22 神奇的因特网

专家的作用不可否认，但是我决定这篇报道的主要内容将围绕着那些仍旧生活在越战阴影中的人来展开。这些人就在我们周围，但是很难接近他们，更重要的是找到正确的人选，发现那些特别吸引人、特别有启发性的故事。

如果你在街道上守株待兔，你最终会发现一位越战老兵、一个寡妇以及一位曾参与围攻征兵委员会办公室的白发苍苍的老人。但这样做需要时间。或者你可以打电话给退伍军人组织或左翼团体，你还可以求助与你通信的人以及他们的朋友或联系人询问有关越南的事。

然而，在这篇报道中，我选择的工具是在最后一批美国直升机离开西贡时还没有发明出来，那就是互联网。这篇报道的有关工作几乎完全是在网上完成的。

通过因特网搜索资源的好处是显而易见的。你会发现那些从未在大众媒体上露过面的人，你可能会接触到他们一些深层次的看法，这些至少足以让你明白哪些是有用的资源。他们往往是那种愿意讲述自己经历的人。毕竟，他们对自己有一定程度的认识。

罗伯特·布莱克本就是个典型。我通过"Google"（一个搜索引擎）发现了他。我搜索的关键词为"越南历史"，第一批搜索结果中有一个教师网站，在其注解中有关于越战研究的链接。在清单中，我发现"罗伯特·M.布莱克本博士的网站为研究越战历史提供了一流的在线论坛。作为美国海军陆战队的无线电通讯员，1966和1968年，罗伯特·布莱克本两次赴越南执行作战任务。他是美国政治历史学博士，并对美国卷入越南战争进行了特别研究"。哦，看起来很有趣。我访问了这个网站并发现了一个已自行运转了多年的论坛。我还发现有迹象表明布莱克本仍然对自己在越南的经历感到困惑。于是我使用站内地址给他发了一封电子邮件。他同意采访并将电话号码给我。

可是，我怎么知道布莱克本没有撒谎呢？因特网以充斥着骗子而闻名：男扮女妆的人，伪装成小孩的成人。我能够在其他历史学家的著作中发现布莱克本作品的痕迹。其中，在一本专业杂志中有一篇书评是有关于他所著的一本书的。我认识这篇书评的作者，他是宾州州立大学的工作人员。于是，我相信布莱克本是真实的。

采访内容从布莱克本对战争的看法以及战争在美国精神中的地位到有关布莱克本个人经历以及心理状态的问题。他忍受着战争造成的创伤，他说。他并没有直接地去揭伤疤。于是，我便对他加以诱导。他经历过心脏病以及破裂的婚姻，他把这一切归咎于越战。他曾住进退伍军人管理机构的医院。最后，他解释道，自己记不起一同服役的任何人的名字。

我发现我几乎不能呼吸。

采访内尔达·休·贝新格·路德维西并不轻松多少。发现她的过程更加曲折。在"Google"的"越南寡妇"的搜索中,我满眼都是沙丽·格里夫的名字,她是一名越南寡妇而且正在做有关这个主题的博士论文。我给格里夫发了电子邮件,但不巧的是,她正好在搬家。我们通过电话交谈。她是一个极佳的背景事实的消息提供者。但是,由于此前她曾在电视和杂志中讲述过自己的遭遇。我需要一些新意。她向我提供了一些她所熟识的寡妇的名字、电话号码或电子邮件地址。

其中的一位已是一名法律顾问。但是她已写作了一部书。有一位的遭遇悲伤无比,充满了孤独。然而,她却反复地推迟采访,并最终决定甚至在这么多年以后,她还是不能在采访中回忆这巨大的伤痛。

内尔达·休·路德维西接受了采访。但是,几分钟的通话以后,她便开始抽泣,采访的大部分时间她都在哭泣。她坚持让我与她儿子交谈,尽管父亲牺牲时他只有17个月,对父亲并没有记忆。但是,与他交谈并访问他为怀念父亲而建立的网站,我开始理解理查德·路易斯·贝新格在儿子生活中留下的真空。

寻找反战示威者却十分容易——你所要做的就是搜索那些有关60年代的讨论团体,但是好像没有一个故事具有思想深度,尤其和布莱克本与路德维西的遭遇相比较。就在这时,我注意到了一个关于肯塔基枪击事件的网站并意识到越战结束25周年纪念日几乎就是俄亥俄校园杀戮30周年。为什么不采访一些纪念肯特大学事件的人？

我发电子邮件给那些在因特网上纪念枪击事件活动中留言的人。其中，利兹·特罗桑写道："1970年5月4日那一天，我的生活发生了改变。经过近30年，我仍感到悲痛，仿佛就发生在昨天。我永远也不会忘记那个周末的经历，亲眼目睹我的朋友被杀害。艾里森是我最亲密的朋友之一，我永远也不会忘记她……"

杰·海彻的口述历史张贴在肯特州立大学的网站上，他讲述了肯特事件的新闻是如何引导他参加了反战运动。他还提及自己在威斯康星大学欧克莱尔分校从事有关1970年5月4日事件的论文创作。我访问了大学网站并发现了他的电话号码。

路·萨里也被列在肯特州立大学图书馆的网站上，但并不是他自愿的。图书馆以PDF文件格式张贴了枪击事件以后调查者发布的所有报道的副本。我看见了萨里的名字，他被问及枪击事件前几天对后备军官训练队大楼的围攻。他的名字太不寻常了，以至于甚至30年后，我仍可能查出他的名字。我登录了"拨号网"，开始搜索路萨里，最后只有一个查询结果。

我拨打了这个号码，有一个人应答。你是路·萨里吗？是的。是枪击事件时进入肯特大学的路·萨里吗？电话那头出现了停顿。

他感到惊奇。这么多年以后，他接到了一个不知从哪里打来的关于肯特事件的电话。

这篇报道中几乎所有的元素都可以在因特网中发现源头。通过搜索网，通过图书馆目录，我知道了约翰·海尔曼的书，这本书已停止了印刷，所以我从网上旧书店购买了这本书并通过网上的引言发现了海尔曼。统计数字被公布在退伍军人事务网站上。史蒂夫·沃兹尼克的引言来自于他为一份网上杂志——《沙龙》所撰写的文章。来自安阿伯的老兵约翰·基新格是我采访的一位寡妇推荐的，而推荐这位寡妇的是我通过网上搜索发现的沙丽·格里夫。我在因特网中甚至查出了理查德·贝新格在越战纪念碑上的位置（19E，第92行），因为我在网上发现了一堵虚拟的墙。唯一一位与网络没有关系的是来自新泽西的老兵阿伦·康伯。因为他曾处理与我的房子有关的事宜。

㉓ 改变媒体以及媒体职业

CHANGING MEDIA AND

MEDIA CAREERS

我们现在正在奔向一个新的时代。届时，以文字、声音和照片为工作内容的记者难以用传统方式来区分，甚至是无法区分。

1970年进入美联社工作的记者使用打字机写作，使用铅笔进行编辑；1980年开始工作的记者不得不在充满黄色剪报的文件柜中搜索以获得有关客机坠毁的历史，那时没有电子记录；1990年投入工作的记者还不能进入其他电脑在互联网中追踪一名越战老兵。

采访报道的工具一直在发展。其中，电话的发明所产生的巨大影响是其他任何发展所不能比拟的。因为通过电话，记者们在办公桌前便可迅速地搜集信息。但是即使这样，电话也未能阻止像乔治·伊斯普那样的记者四处奔波以搜集信息。

报道终究是报道。它总是涉及提出问题、搜集信息以及解读事件。

但是，报道也在发展，而且在当今社会，有一些发展还十分明显。我们现在正在奔向一个新的时代。届时，以文字、声音和照片为工作内容的记者难以用传统方式来区分，甚至是无法区分。

"'集成'一词始终在我耳边萦绕，我认为这个词语是和未来时代的记者紧密联系着的，"美联社总裁兼首席执行官路易斯·勃卡迪说，"我认为我们将通过多平台进行报道，并且是同一个人使用多种平台。"

　　有关集成和平台的话题激怒了一些资深记者，在他们眼中，笔记本、话筒以及照相机仍将是未来报道中必需的工具。

　　杰森·费尔兹说，他们的担心是没有必要的。虽然他无法预见未来，但是他坚信这一切将发生。

　　作为美联社多媒体部门特别项目的高级制作人，费尔兹在创立美联社网站WIRE中发挥了主要作用。他的职业生涯始于马里兰州一家只经营了两个星期的报纸。1994年，当《华盛顿邮报》创办互联网企业"数字墨水"时，他是其中的早期雇员。那时，他并不了解电脑，大部分知识来自于玩电脑游戏。然而，他很快便理解了在线报道的可能性。

　　WIRE 网站综合了文字、声音、静止的图片和动画。例如，在泰德·安东尼关于英语将逐渐成为全球性语言的报道中，有一段他在圣地朝圣时录制的教皇用英语演讲的录像。

　　费尔兹怀疑，并不是所有的记者都能够进行拍摄。这是一项特殊的才能："当在一家处于创业初期的小型报纸工作时，我既拍摄照片又写报道。我想，很多人都有那样的经历。难道这就能使我成为一个合格的摄影记者吗？不。"

但是，他却预见未来将有更多的记者录音："你们已经习惯使用录音机来帮助自己回忆，以此来确保引言是原汁原味或是其他类似的目的。但是，你们采集声音不仅仅是为了记录引言，在未来，你们仍要做这项工作，"他说，"如果你采访女王，你在记录她言语的同时还能够聆听她的声音，那将是多么美妙的事。"

他将这项工作与国家公众广播（简称NPR）所做的"考虑一切"相提并论。

"在某些方面，这就好像回到了50年前流行的报道方式。国家公共广播进行了许多声音采集。他们采集所有的声音，如果他们采访女王，首先你将听见哨兵换岗时的声音，然后你会听见走廊大理石路面上人们的脚步声。根据这些声音，你便可以想象采访时真实的情景。我们希望看到的是那种现场采访中愿意在传统报道方式的基础上发挥的记者，我们和一些愿意那样做的记者交谈，但是有些人却很忙碌，我不能肯定他们是否愿意那样做。"

费尔兹的最低要求是希望那些自认为是"孤独的狼"式的记者——一些自认为凭一个笔记本和天赋智慧就可以独步天下的家伙——能够变得更具有团队精神，能够和其他人一同制作多媒体形式的报道，就像电视台的工作组共同制作6点的新闻节目那样。

"瞧，他们将不得不合作，"他说，"这对一些人来说是可怕的。"

　　但是，费尔兹认为这一切其实并没有改变新闻报道本质："你仍然要搜集事实，那些基本的事实，你仍然要与每个人交谈。你仍然要努力发掘所有的东西。"

　　"事实上，你会发现自己能够更大限度地利用掌握的信息，因为新闻调查是无止境的。由于有足够的空间，你完全把过去不得不在正式发表前删去的一些采访资料利用起来。即使这些没有文字形式，而只是一段录音，那么你至少可以利用它作为正文的一个补充，某种程度上好比脚注。举例来说，我认为没有人会建议你将那些笔记本搁置起来，尽管你可以随时与采访对象取得联系。"

　　费尔兹说，未来的记者将是那些能适应不同媒体并对所有媒体一视同仁的人。他能想象一个没有媒体集成并以网络为中心的新闻报道的未来吗？

　　"是的，我能，"他面无表情地回答，"但这是在核战争之后。我们都穿着防护服并难以辨认。我会做噩梦。"

　　美联社人力资源副总裁詹姆斯·M.多纳对那些在办公室里设置电视工作室的报纸说："一个记者从外面采访回来后，要马上写报道，之后还要马上为电视报道写好稿子。所以，如果我们要在竞争中生存下去，我们也必须这么做。"

　　多纳说，这是个从事新闻报道的时代，有很多机会：报纸、新闻服务机构、电台、电视台、新闻网站以及杂志。

"每个人都在寻求内容，而内容就是文字，"他说，"他们必须从一些可靠的来源（如美联社）那里得到内容，或者自己制作。每一个网站都有文字内容，所以必须有人创作这些内容。"

据美国劳动力统计局调查显示，今后几年新闻行业增长最快的要属网络记者了。1998年，全美有67,000个记者职位，其中，60%在报纸工作，30%在电台以及电视台，剩下的10%在杂志和其他新闻服务机构工作。

在这个领域，新的竞争意味着更多的人将频繁地更换工作。"现在，他们预测，人们一生更换5至7次工作，"多纳说，"我认为我们变更得太频繁了。四五年前，我们的人员更新率为13%，现在是18%。除了我们，所有人都在变更工作。"

多纳发现许多求职者的专业并不是新闻报道，而是历史、政治学以及经济学——而且许多是高学历："前几天我刚见过一位拥有医学学位希望从事新闻报道的女士。"

据多纳说，在过去的10年，记者的薪水有了显著的增长而且还将继续增长，"因为我们将寻找更为复合型的人才，而且我认为竞争就来源于此"。同时，业内也存在收入差距——从小镇报纸实习记者的15,000美元到主要都市日报资深记者的10万美元，而且这些人的薪水仍低于律师或者商业企业中的执行官。

"但是，人们投身于这项事业的原因之一是激情，而且我每天都可以感觉到这股激情，"多纳说，"你可能会碰到这样一种人，他们如果改行将能挣更多的钱，因为他们聪明无比。而他们却仍从事新闻报道并且不分昼夜地工作，而一年的薪水只有5—6万美元。"

"每当你问，'事情进展如何？'他们便回答，'这是个很棒的故事。'"

"'在中国过得如何？''在阿富汗的感觉怎么样？''在莫斯科过得怎么样？'"

"他们回答：'还可以，但是这是个很棒的故事。'"

"这就是他们从事这项职业的原因——因为这里有很棒的故事。他们感到自己有责任告诉人们事实，这是他们的使命。"

图书在版编目（CIP）数据

美联社新闻报道手册 /（美）施瓦茨（Schwartz, J.）著 ； 曹俊，王蕊译.
-- 北京：中央编译出版社，2014.4
书名原文：Associated Press Reporting Handbook
ISBN 978-7-5117-2028-3

Ⅰ．①美… Ⅱ．①施… ②曹… ③王… Ⅲ．①美联社
—新闻报道—手册 Ⅳ．①G219.712.2-62

中国版本图书馆CIP数据核字（2014）第010235号

美联社新闻报道手册

出 版 人：刘明清
出版统筹：薛晓源
策划编辑：郑　颖
责任编辑：饶莎莎　郑晴蕾
责任印制：尹　珺
出版发行：中央编译出版社
地　　址：北京市西城区车公庄大街乙5号鸿儒大厦B座（100044）
电　　话：（010）52612345（总编室）　（010）52612363（编辑部）
　　　　　（010）52612316（发行部）　（010）52612315（网络销售）
　　　　　（010）52612346（馆配部）　（010）66509618（读者服务部）
传　　真：（010）66515838
经　　销：全国新华书店
印　　刷：北京金瀑印刷有限责任公司
开　　本：140毫米×210毫米　　32开
印　　张：11.25印张
版　　次：2014年4月第1版第1次印刷
定　　价：48.00元

网　　址：www.cctphome.com　　邮　箱：cctp@cctphome.com
新浪微博：@中央编译出版社　　微　　信：中央编译出版社（ID：cctphome）
淘宝网店：编译出版社书店（http://shop108367160.taobao.com/）

本社常年法律顾问：北京市吴栾赵阎律师事务所律师　　闫军 梁勤
凡有印装质量问题，本社负责调换。电话：010-66509618

Jerry Schwartz

Associated Press Reporting Handbook

ISBN   0-07-137217-2

Copyright © 2002 by McGraw-Hill Education.